中國學術思想 研究輯刊

十七編

林慶彰 主編

第8冊

皇侃《論語義疏》與
邢昺《論語正義》解經思想比較研究

王家泠 著

花木蘭文化出版社

國家圖書館出版品預行編目資料

皇侃《論語義疏》與邢昺《論語正義》解經思想比較研究／
王家泠 著 — 初版 — 新北市：花木蘭文化出版社，2013〔民
102〕
目 2+158 面；19×26 公分
（中國學術思想研究輯刊 十七編：第 8 冊）
ISBN：978-986-322-375-7（精裝）
1. 論語 2. 研究考訂
030.8   102014629

ISBN-978-986-322-375-7

9 789863 223757

中國學術思想研究輯刊

十七編 第 八 冊   ISBN：978-986-322-375-7

皇侃《論語義疏》與邢昺《論語正義》解經思想比較研究

作　　者　王家泠
主　　編　林慶彰
總 編 輯　杜潔祥
出　　版　花木蘭文化出版社
發 行 所　花木蘭文化出版社
發 行 人　高小娟
聯絡地址　235 新北市中和區中安街七二號十三樓
　　　　　電話：02-2923-1455／傳真：02-2923-1452
網　　址　http://www.huamulan.tw 信箱 sut81518@gmail.com
印　　刷　普羅文化出版廣告事業
封面設計　劉開工作室
初　　版　2013 年 9 月
定　　價　十七編 34 冊（精裝）新台幣 60,000 元

皇侃《論語義疏》與
邢昺《論語正義》解經思想比較研究

王家泠　著

作者簡介

王家泠，台灣台北人，台灣大學中國文學研究所博士候選人，從事中國經學史、思想史研究。已發表的單篇論文有〈錢穆先生的「宋學」精神〉、〈劉敞、歐陽修、王安石三家人性論與聖人觀析論──兼論其與程朱理學的幾點思想差異〉、〈從王弼「性其情」說到程頤「性其情」說〉、〈近三十年來對易占具重要參證價值的考古文獻綜述〉、〈魏晉南北朝「神明」觀念的變遷〉等篇。本論文由何澤恆教授指導。

提　要

　　在中國「以述為作」的注疏傳統中，經部典籍不僅存在著經學方面的問題，同時也蘊含有哲學思想的問題。南朝梁代皇侃的《論語集解義疏》，與宋初邢昺領銜下所編纂的《論語注疏解經》（又稱為《論語正義》），是《論語》學史上兩部分別具有不同承先啟後重要意義的代表之作，同時也是由六朝「義疏」體過渡到唐宋「正義」體的重要經學史文獻。本論文之寫作，是希望透過比對這兩部《論語》注疏中的解經思想，梳理出從魏晉六朝到宋初之間，思想義理的發展脈絡。特別是邢昺《論語正義》既是本於皇《疏》刪改而成，在刪改與承繼的過程中，流露出一種怎麼樣的學術思潮轉變與發展樣貌，是本文所集中關切的主題。為了更有效的呈現此一思潮轉移的發展線索。本文所採取的方式，是先選擇幾個關鍵性主題為綱目，透過這幾個綱目主題的討論，逐步梳理出皇《疏》與邢《疏》在整體思想內涵上的轉變。

　　本文共分五個章節，在第一章「緒論」中，筆者初步交代皇《疏》與邢《疏》在經學史與思想史中所代表之雙重意義，並簡述本文之取材及研究方法。第二章「皇《疏》與邢《疏》解經思想中的人性觀比較」，透過對兩《疏》中「性」、「情」……等概念定義之解析，做為探討皇《疏》與邢《疏》思想觀點的起點。第三章「皇《疏》與邢《疏》解經思想中的『道』與『理』」，探討兩《疏》解經思想中「道」、「理」意涵的發展，及其所流露出之天人觀念轉移。第四章「皇《疏》與邢《疏》解經思想中的聖人之教」，接續前章脈絡，討論兩《疏》解經思想中聖人形象與聖人之教的意涵。第五章「結論」，總結全文，統整皇《疏》與邢《疏》在整體思想趨向與解經態度上之差異，嘗試探求其中所反映出之時代思潮發展態勢。

目

次

第一章　緒　論

第一節　研究課題與動機

一、經典詮釋與思想史發展

　　自從晉・荀勗《中經新簿》將中國圖書分類為四部之後，經、史、子、集的四部分類法，大致為中國藏書編目者所遵循。進入近代，受到西方研究範疇分類的影響，出現專注於思想哲學領域研究的學術分科，然而也因為大部分所謂哲學類思想文獻，出自於傳統圖書分類中的子部，致使現今一般研究中國哲學的人，習慣上在處理過子部圖書後，便以為全面涵蓋了當期思想，而往往忽略了經學裡頭的哲學內涵。其實在經部典籍中，不僅存在著經學方面的問題，同時也蘊含有哲學思想的問題。在中國學術文化與思想史的漸次發展中，經部典籍的注疏傳統不曾中斷，同一部經書在不同時代透過不同的解經者，反覆經歷再詮解、再創造的過程，箇中的義理內涵也因之而呈現不同的思維樣貌。因此，研究中國經典傳統在各個時代的不同注解，同樣也能引導出哲學問題。

　　特別是中國自先秦以後，各時期的學術思想鮮少再以原創性的文本創作形式呈現，而是依存於對先秦典籍的重新詮釋，即所謂的注疏形式中，這種「以述為作」的義理抒發方式，是中國學術文化發展過程中的一個特殊傳統，在孔子時期便已經有了〔註1〕。注解者因著時代精神與思潮的吸收滲透與相互交

─────────────
〔註1〕　《論語・述而》中云：「子曰：述而不作，信而好古，竊比於我老彭。」見《論

融，在解經過程中使得經典的詮釋內涵發生了微妙的變化，透過歷代解經者的解經過程，經典得到與不同時代精神對話的機會，不同的時代思潮與存在氛圍，使得經典的義理內涵，呈現出了不同的姿態樣貌。然而，這種經學史的演變，不僅在哲學史裡不被注意，經學史中也往往是浮光掠影，一筆帶過。因此，若能循著此一思路去建構《論語》學流變的軌跡，必也能碰觸到一些相關性的哲學問題。這對中國思想與經學研究者來說，亦當為另一面相的發掘。

二、《論語》的文本特質

然而，在眾多經典中，筆者又為什麼選擇《論語》注疏來作為魏晉到唐宋間學術與思想轉變的考察對象呢？我想，從漢末魏晉時期開始逐漸湧現的《論語》注疏，與《論語》義理內涵漸受重視過程中所反映出的經典意識轉移，應是最主要的原因。

這和《論語》文本本身所具備的義理內涵與經典特質是相當有關係的。首先，《論語》文本言簡意賅的特性，使它為後代解經者預留了更開放寬廣的詮釋空間。其次，《論語》所載以孔子及弟子時人間的言論對談、生活行事的記載彙編為主，主要就著重在人事修為層面，但隨著時代思潮的不斷發展，對天道性理的關注早已成為一不可逆轉的趨勢。特別是進入魏晉，如何調和老莊自然之道與儒學名教倫理，成為此一時期思想家關注的焦點。因此，若想將儒門之教與老莊之道互相發明，就必須對《論語》下新解不可，所謂下新解，是必須使《論語》中的思想與時代思潮相契合。這使得《論語》在魏晉時代，成為《周易》之外，玄學家發揮思想的最好替代工具，大部分的玄學家在三玄的著述之外，也留下關於《論語》的注疏，就是一個最好的證明〔註2〕。故劉大杰先生在《魏晉思想史論》一書中云：「建安以後，儒學的權威是倒了，但是那些玄學家並沒有輕視孔子，對於經學也還沒有放棄。他們努力把老莊的學說，灌到經學內去，將儒道兩家的思想，加以溝通和調和。……他們要調和儒道，最重要的工作，是把道家的學說灌到經學裡去。《論語》和

語注疏》（臺北：藝文印書館，1987年8月初版第十三刷，影印嘉慶二十年江西南昌府學本《十三經注疏》），頁60。以下所引《論語》原文皆依此本，不另作註。

〔註 2〕 相關整理見柯金木：《魏晉論語學考述》（臺北：政治大學中國文學研究所碩士論文，董金裕先生指導，1990年）。

《周易》是儒家哲學的兩大基礎，於是他們就從此下手。」〔註3〕這些關於《論語》的注疏，很可惜的，現今大部分都已亡佚，唯一留存下來的，是可謂集六朝《論語》注疏大成的皇侃《論語集解義疏》，透過這部作品，讓我們有機會窺視六朝《論語》注疏之一貌。

　　從魏晉六朝到唐宋這段期間，不僅是中國學術與思想發展轉向的關鍵期，亦是中國經典詮釋意識轉移的一個重要時期。由兩漢獨尊五經，歷經魏晉六朝新經學意識的洗禮，南北朝分峙的各自發展，進入唐代，又在官方領銜下重新統合南北經學以定於一尊。對經典意義的認定，也在這個過程中不斷擴大，從漢武帝設置五經博士，到後來逐步有所謂七經、九經，乃至十二經的逐步擴大，在這段期間裡，《論語》由附於「六藝略」末尾的「傳」，逐漸上升到稱「經」的地位。唐文宗開成二年（837）刻十二經文字立於長安太學前，已包含《詩》、《書》、《易》、三《禮》、三《傳》，以及《論語》、《孝經》、《爾雅》共十二經，這是《論語》有確信根據的稱經記載之始。進入宋代，更是《論語》學發展的另一個高潮期，宋初同樣由官方領銜的經典重新整理工作，爲《論語》重新作疏，就是其中重要的一環，所以才會有邢昺領銜整理的《論語正義》之問世，至若到理學時代，《論語》與《學》、《庸》、《孟》同被歸入四書，經過理學家們的努力倡導與詮釋，四書在宋代開始逐步取代五經成爲儒學最重要的經典典範，並影響其後八百年的學術思想走向。可以說從魏晉到唐宋，對於《論語》學以及中國整體經典詮釋史來說，都絕對是一段重要的發展轉變期。

三、皇侃《論語義疏》與邢昺《論語正義》

　　在歷代注疏《論語》的經注中，以魏初何晏領銜的《論語集解》、南朝梁代皇侃的《論語集解義疏》，以及宋代邢昺領銜的《論語注疏解經》、朱熹《論語集注》，與清代劉寶楠的《論語正義》最爲重要。其中皇侃、邢昺與劉寶楠都是以何晏《論語集解》爲底本，加以疏解的注疏體。這種注疏體例，是中國經典詮釋史發展過程中衍生出的一個特殊形式。而南朝梁代的皇侃《論語集解義疏》，與宋初邢昺在官方安排下領銜的《論語注疏解經》（又稱爲《論語正義》）〔註4〕），在這個發展過程中又分別扮演了各自特殊的角色。

〔註3〕劉氏此書收錄在《魏晉思想》（臺北：里仁書局，1984 年 1 月）甲編五種中，頁 22～24。
〔註4〕關於此書的題名，在《崇文總目》、《郡齋讀書志》、《通志》等目錄中，均著

這兩部作品，不但在中國經學發展史中具有重要意義，提供我們由「義疏」體轉向「正義」體的重要觀察資料，在《論語》學史上，也是兩部分別具有不同承先啓後意義的重要作品。前者是六朝至今唯一存而完帙的《義疏》之作〔註5〕，《四庫總目》稱其「存漢、晉經學之一線」〔註6〕；後者是宋代理學思想發展成熟前的重要中繼與前趨，《四庫總目》稱「漢學、宋學茲其轉關」。不論在《論語》詮釋史上，或是在經學與學術發展史中，兩部注疏都是具有重要代表意義的，同時他們在彼此之間又有著緊密的承繼關係。《四庫總目提要》在評論邢昺《論語正義》時曰：

> 晁公武《讀書志》稱其亦因皇侃所採諸儒之說刊定而成。今觀其書，大抵翦皇氏之枝蔓，而稍傅以義理，漢學、宋學茲其轉關。是《疏》出而皇《疏》微，迨伊洛之說出而是疏又微。故《中興書目》曰：「其書於章句訓詁名物之際詳矣」，蓋微言其未造精微也。然先有是疏，而後講學諸儒得沿溯以窺其奧。祭先河而後海，亦何可以後來居上，遂盡廢其功乎？〔註7〕

但是，邢《疏》在「翦皇氏之枝蔓」時，究竟是翦去哪些部分？而其所稍傅之義理，又具備了怎麼樣的意涵？這是使筆者感興趣的。

特別是由魏晉玄學到宋代理學轉變的這段期間，在思想內涵的發展上，本身是既有所轉化，但亦有其承繼。傳統以來，受到理學家標榜直承孔孟與排佛返儒議論影響，多將宋代新儒學發展之焦點放在宋學與先秦儒學、唐宋佛學、古文運動以降文化復古運動之發展承襲融會激盪過程爲主軸，然而儒

錄爲「《論語正義》十卷」，唯《直齋書錄解題》卻著錄爲「《論語注疏解經》十卷」，不知爲何異名？清代阮元所審定的《十三經注疏》中的《論語注疏》，在每卷開首亦題爲《論語注疏解經》。

〔註5〕 唐以前義疏今多亡佚，今存而完帙者僅皇侃《論語義疏》而已。另有梁鄭灼《禮記子本疏義》、隋劉炫《孝經述議》、佚名《講周易疏論家義記》等殘卷存世。見張寶三：〈經典傳統中注與疏之關係〉，《「孔學與二十一世紀」國際學術研討會論文集》（臺北：政治大學文學院印行，2001年10月）頁315～338。

〔註6〕 皇侃《論語義疏》，宋以後中土亡佚，於清乾隆年間乃由日本傳回中國。參見陳金木：《皇侃之經學》（臺北：國立編譯館，1995年）第六章〈皇侃之論語學〉。

〔註7〕 清‧永瑢、紀昀等奉敕撰：《四庫全書總目提要‧經部‧卷三五‧四書類一》（臺北：臺灣商務印書館，1965年），頁290。

佛道思想之交會激盪，本不自宋代始，而回溯孔聖以求取詮釋之正統性，更非宋儒之所獨創。事實上，回溯孔子思想本意，重建詮釋孔學，將己身、己代之論點與孔學繫聯，並標榜其與孔聖之承繼關係，乃爲中國學術史上一再重現之模式。此一中國注疏傳統中特殊的「回歸原典」意識，讓我們在不同的時代思潮中，皆能看到打著孔子形象的新分身，這也使得《論語》一書的重新注解詮釋，在中國學術史中源源不絕。

　　馮友蘭先生曾將中國思想史劃分爲經學時代與子學時代，其出發點即是注意到中國學術發展中，此一獨特的「回歸原典」模式，透過對已具正統權威之經典建行重新詮解以抒發自身及所處時代之新思潮，爲中國學術發展中之一大特點。從這個觀點來看，研究由玄學思潮向理學思潮轉向下兩部重要的《論語》注疏，自當有其特殊意義，筆者所以選擇此二部《論語》注疏作爲研究比較的目標，除著眼於其所匯集與代表當代思潮的獨特性外，更期望透過剖析其中對於孔聖的詮釋角度，對孔學中心概念：「道」、「命」、「性」、「聖人」……等內聖外王主軸議題的繫連、詮解、梳理出由玄學到理學的思想演變、連結與流衍。

第二節　本文之取材與作法

一、前代研究成果回顧

　　近代對於皇侃《論語義疏》與邢昺《論語正義》進行專門研究與評論的學術作品，本就不多，針對這兩部注疏作比較研究的，更是屈指可數。對於皇侃《論語義疏》的評論，主要集中在其雜染玄佛之語。至於邢昺《論語正義》，相關的研究則更爲缺乏。

　　清・陳澧在他的《東塾讀書記》卷二〈論語〉言：「何注（論語）始有玄虛之語……自是以後，玄談競起。」其下條列皇侃《論語義疏》中所集孫綽、李充、繆協、郭象、江熙、顧歡、太史叔明等人帶有強烈玄學思想色彩的注文，並總結以：「此皆皇《疏》所採，而皇氏玄虛之語猶多。」下面陳澧並接著評議曰：「邢《疏》本於皇《疏》，而此等謬說，皆刪棄之，有廓清之功矣。」〔註8〕陳澧的個看法，延續到民國以來的學界。一般的看法都認爲，皇侃《論

────────────

〔註 8〕陳澧：《東塾讀書記》（臺北：臺灣商務印書館，1965 年）卷二〈論語〉，頁

語義疏》「失之玄妙」，至邢昺《論語正義》乃稍有廓清。

吳承仕《經典釋文序祿疏證》於「皇侃撰《義疏》行於世」條下即云：「自何氏《集解》以訖梁、陳之間，說《論語》者，義有多家，大抵承正始之遺風，標玄儒之遠致，辭旨華妙，不守故常，不獨漢師家法蕩無復存，亦與何氏所集者異趣矣。皇氏本通《三禮》，尤好玄言，故其為《論語疏》，頗採華辭以飾經說。〔註9〕」這種以雜入玄佛思想角度去評價皇侃《論語義疏》的看法，從清末延續至民國，時至今日，仍是一般對皇侃《論語義疏》的主要認識，諸如戴君仁先生、董季棠先生、侯迺慧先生……等，皆主此說〔註10〕。近年來高荻華氏《皇侃論語集解義疏研究》則自皇侃闡發儒門本意的角度立論，頗有新意，然其僅專注於皇《疏》中對「先王之道」與立身之道的相關論述，對於《疏》文中其他眾多涉及天道玄理之篇章，未有著墨，似又有偏於一面之嫌〔註11〕。

至於對邢昺《論語正義》的評價，雖然主要也是立基在廓清皇氏玄佛之意與漢宋轉關這一點上，惜乎僅停留在個別文句語詞的鑑別上，缺乏全面與整體性的系統梳理，並且將前提過份專注在邢《疏》「廓清」之功上，也侷限了對皇《疏》到邢《疏》之間義理承繼與轉化的了解〔註12〕。

邢昺《論語正義》本於皇《疏》加以刪改而成，但究竟是刪改了哪些地方？卻是可以追問的。在刪改的過程中，是否流露出由魏晉到宋初儒學思想

17～18。

〔註9〕 吳承仕：〈經典釋文序祿疏證〉，《吳檢齋遺書》（北京：中華書局，1984 年 3 月），頁 146。

〔註10〕 戴君仁：〈皇侃論語義疏的內涵思想〉，《孔孟學報》第二十一期（1971 年 4 月），頁 15～30。董季棠：〈評論皇侃義疏之得失〉，《孔孟學報》第二十八期、二十九期（1974 年 9 月、1974 年 10 月），計 43 頁。牟鍾鑒：〈魏晉南北朝時期的經學〉，《中國經學史論文選集》上冊（臺北：文史哲出版社印行，1992 年 10 月）。張恆壽：〈六朝儒經注疏中之佛學影響〉，《中國經學史論文選集》上冊（同上）。孫述圻：〈論皇侃的論語義疏〉，《中國經學史論文選集》上冊（同上），頁 604～618。侯迺慧：〈皇侃論語義疏中玄學思想之評論〉，《孔孟月刊》25 卷 4 期（1986 年 12 月），頁 18～28。濮傳真：〈南朝《論語》學之孔顏聖賢論〉，《北市師院語文學刊》1 期（1994 年 5 月），頁 189～214。

〔註11〕 高荻華：《皇侃論語集解義疏研究》（臺北：國立中央大學中國文學研究所碩士論文，岑溢成指導，2000 年）。

〔註12〕 如胡健財：〈論語邢昺正義述評〉，《孔孟月刊》第 27 卷第 2 期，總第 314 期（1988 年 10 月），頁 17；蔡娟穎〈論語邢昺疏研究〉，《國立臺灣師大國研所集刊》35 期（1991 年），頁 19。

的轉變？究竟是哪些部分，會讓邢《疏》認爲「援引不經」而必須有意識的去予以刪改〔註13〕？在刪改的過程中，邢《疏》是否也添加了新的東西進去？這其中是否流露出不同的經學思想意識？同時，作爲「義疏」體的皇《疏》，與作爲「正義」體的邢《疏》，兩者在體例上是否有所不同？他們在面對《集解》注文時的態度是否亦有所差異？影響他們去取的因素是什麼？又反映出怎麼樣的儒學思想差異的轉移？這些其實都是可以繼續探討的。然而，歷代對於這些問題，往往只是停留在外圍的考據或是單點逐句的批判，特別是有關邢《疏》對皇《疏》的去捨，只簡單的以刪除佛、道或怪異之說一語來加以帶過，似乎並不足夠。有鑑於此，筆者希望進行的，是對皇《疏》與邢《疏》進行全面性、系統性的比對與檢別，以求探究這兩部以同一注本爲底本的注疏體，何以展現出如此不同的面貌。

二、本文研究取徑

　　然而，皇《疏》與邢《疏》間所可能存在的差異，若欲全部涵蓋，勢必非本文的內容所可容納，同時焦點也會過份分散，反而無法梳理出其中的思想轉移線索。是以筆者所希望採取的方式，是先選擇幾個關鍵性主題爲綱目，透過這幾個綱目主題的討論，逐步梳理皇《疏》與邢《疏》在整體思想內涵上的轉變。

　　在研究方法方面，筆者將先以皇侃《論語義疏》與邢昺《論語正義》的注疏原文爲第一手資料，透過對於相同章節疏文比對與相關主題的論述比較，嘗試探求從皇《疏》到邢《疏》的思想發展，特別關切的是邢《疏》在取捨過程中，所流露出之觀念轉移。同時既然皇侃《論語義疏》與邢昺《論語正義》的共同注疏底本都是何晏《論語集解》，他們對於《論語集解》的詮釋與注解是否有不同的表現與理解，當然也就成爲一個重要的問題，是以在討論皇《疏》與邢《疏》解經思想異同的之前，筆者對於何晏《論語集解》中所蘊含之義理亦會先作一簡單的梳理，之後在討論過程中，也會持續視需要援引《論語集解》與相關《論語》注疏本子作義理思想發展脈絡的對照與輔助。

　　除了《論語集解》之外，與皇侃與邢昺相近時代的思想家觀點，當然亦是本文探討皇《疏》與邢《疏》義理內涵時不可或缺的輔助，是以諸如六朝

〔註13〕《玉海》云：「唐《志》皇侃《論語義疏》十卷，邢昺謂其援引不經，詞意淺陋。」按今邢《疏》中未見此說，疑是昺進正義疏中語。

時期重要玄學思想家如王弼、郭象，以及與皇侃時代相近的張湛《列子注》、劉勰《文心雕龍》，與《弘明集》中所記載的相關文獻，都是本文在相關議題討論時的參考視角。至於由皇《疏》到邢《疏》之間的思想發展，筆者將以《五經正義》為主，在某些章節中，再輔以韓李《論語筆解》與朱熹《論語集注》作為對照。選擇《論語筆解》與《論語集注》，是因為在這兩部具有不同意義的《論語》注疏對照下，可以幫助我們對《論語》學詮釋史的發展有更貫串的掌握。

至於《五經正義》，則是因為筆者在比對皇《疏》與邢《疏》義理內涵的同時，發現邢《疏》援引《五經正義》的比例較意料中來得高，特別是在本文所涉及的幾個關鍵主題上，更可以看出邢《疏》如何受到《五經正義》的影響，這讓筆者不禁好奇，《五經正義》除了在注疏形式上影響邢《疏》，在義理內涵上對於邢《疏》所造成的影響究竟到達一種怎麼樣的程度呢？這其中所展現出的中國經學思想與經學傳統的延續性，又具有一種怎麼樣的意義？對於這個部分，本文在討論進行中，亦有相當涉及。

落實到皇《疏》與邢《疏》具體義理思想的討論比較方面，筆者的規劃是由人性論入手，在本文的第二章，先探討皇《疏》與邢《疏》解經思想中的人性觀點。透過對「性」、「情」……等概念的解析，做為我們探討皇《疏》與邢《疏》思想觀點的起點。

雖然在《論語》中對「性」、「情」範疇正面談論的論述並不多，但一則人性論是中國思想史中極為重要的一環，對於人性問題的思考，往往左右了中國思想家的整體哲學觀點，甚至影響了一代學者的思想走向。即使是罕言「命」與言「性」不可得聞的孔子，在《論語》中也已為我們留下了相當多人性主題的觀點。再者，《論語》中對性情概念未予詳論，恰巧也給了解經者一個更為開放的詮釋空間，在這種情況下，皇侃與邢昺如何詮釋《論語》的性命之說？在詮釋過程中又流露出一種對於人之存在怎麼樣的思考？自然成為一個有趣的問題。更何況在宋代理學思潮中，人性論是一個極其重要的主題，理學思想家對於人性問題的創見，是理學得以為儒學重新建構一新天人體系的關鍵。然而理學並非前無所承，宋代人性論對於前代人性論承繼了哪些層面？建構了哪些層面？和佛道與玄學思想間的關係又是如何？將宋初邢昺的《論語正義》，與六朝皇侃的《論語義疏》中的人性觀點相比較，或許能提供給我們一些思潮演變的線索，筆者在這個章節中，對於這個層面，也會有相當程度的涉及。

　　在本文第三章，筆者將繼續探討的，是皇《疏》與邢《疏》解經思想中「道」與「理」意涵的比較。《論語》原文，「理」字並無一見，以「理」釋「道」，以「理」代「天」、代「命」，爲宋儒（尤其是程朱一派）與孔孟儒學之一大差異與發展〔註 14〕，亦是其爲清儒所極力抨擊之處，然溯其源頭，魏晉之際已發其端倪，王弼注《易》、《老》、《論語》，郭象注《莊》，皆已表現出此一趨向，而由皇《疏》所處的六朝，到邢《疏》所處的宋代，更是此一思想趨勢發展的關鍵期。在皇《疏》與邢《疏》中，呈現出怎樣的一種「道」與「理」觀點，他們是如何來詮釋孔子之道的？「理」概念在其中扮演的角色又是如何？由皇《疏》到邢《疏》，對「道」與「理」意涵的演變是否有義理脈絡可循？呈現出一種怎麼樣的天人關係思考？這是筆者在人性論觀點以後，希望接續探討的。

　　在本文的第四章，筆者將接續前章脈絡，討論皇《疏》與邢《疏》解經思想中聖人形象與聖人之教的意涵。孔子在漢代僅被視爲「傳」，與被視爲是「先王之書」的五經六藝之間是很有距離的〔註 15〕。然而從漢末魏晉開始，《論語》的地位越來越上升，也越來越受到思想家與經學家們的重視，這和魏晉以降對於「聖人」與「聖人之教」的內涵開始重新詮釋的趨勢是很有關連的。所以筆者在最後這一章中，將嘗試探求皇《疏》與邢《疏》對此一層面所表露出之意涵，期望對於從魏晉到宋初之間的《論語》學詮釋史與經學思想發展，能有一個最後貫串性的串聯，也爲本文的討論劃下一個階段性的句點。

三、凡例與版本

1、皇侃《論語義疏》的版本，筆者將以日本大正十二年（1923）武內義雄校刊，大阪懷德堂刊行的本子爲底本。這個本子是大正十一年（1922年）大阪懷德堂孔子兩千四百年祭紀念會上，決議延請武內氏重新整

〔註14〕 錢穆先生曰：「孔孟所講主要在『道』，程朱所講主要在『理』……整個先秦乃至兩漢，亦都講『道』，莊子較多講到『理』，韓非、荀子亦偶爾提到『理』，漢代人或把『理』即注作『道』。但自魏晉南北朝下迄隋唐而至宋明，便轉而多講『理』。」〈程朱與孔孟〉，《中國學術思想論叢（五）》（臺北：蘭台出版社，2000 年 11 月），頁 284。

〔註15〕 邢昺在《論語注疏・序解》中曰：「是漢世通謂《論語》、《孝經》爲傳，以《論語》、《孝經》非先王之書，是孔子所傳說，故謂之『傳』，所以異於先王之書也。」《論語注疏》（臺北：藝文印書館，1987 年 8 月初版第十三刷，影印嘉慶二十年江西南昌府學本《十三經注疏》），頁 3。

理過的本子，武內氏取日本所藏古鈔本十餘種，詳為比勘後乃刊行此一版本。至於今天流傳在中國的幾個《論語義疏》本，是日本寬延三年（1705），由江戶學者根本遜志，據足利學校所藏寫本做過刻意更動後而成的。根本氏參照邢《疏》格式，作了多處臆改，又仿明代格局付梓，在版型上已失其舊觀。這個本子在乾隆年間傳入我國後，又經歷清廷修輯《四庫》時刪革改動的波折，更無法展現《論語義疏》的原貌〔註16〕。

可惜的是，懷德堂的這個本子，雖然在版本校刊上經過武內氏詳盡的整理，但本身在排版印行時卻留下相當多的文字錯誤。故筆者在引用時，將一方面以武內氏整理過的懷德堂本為底本〔註17〕，一方面參考我國刊印在《知不足齋叢書》中的《論語集解義疏》本〔註18〕，以適時修改文字上可能的錯誤。

2、邢昺《論語正義》的版本，以臺灣藝文印書館據清嘉慶二十年（1815年）阮元審定之江西南昌府學開雕本影印之《十三經注疏》中的《論語注疏》為定本〔註19〕。

3、現傳《論語集解》有兩個系統，一是皇《疏》系統，一是邢《疏》系統。皇《疏》和邢《疏》的《集解》底本各有所本，並不是在兩《疏》之間前後流傳中產生的差異，這一點可以從唐開成石經《論語》正文本，和日本所流傳的正平本《論語集解》單行本，也分屬不同系統得到證明。開成石經《論語》正文與邢《疏》底本《集解》正文基本相同，當屬同一系統，而與皇侃《義疏》底本《集解》正文則多有差異。正平本《集解》單行本則剛好相反，正文注文多同於皇《疏》底本《集解》，而與邢《疏》底本多異。〔註20〕

〔註16〕見吳承仕：〈論語皇《疏》校本序〉，《制言半月刊》第三期（1935年10月），頁267～268。日・武內義雄：〈校論語義疏雜識〉，《先秦經籍考》中冊（臺北：河洛圖書出版社，1975年10月），頁69～98。

〔註17〕據嚴靈峰主編《無求備齋論語集成》第五冊所收懷德堂本《論語義疏》。

〔註18〕梁・皇侃：《論語集解義疏》（臺北：廣文書局，1977年），影印清乾隆四十一年至五十九年（1776～1794）長塘鮑氏刊本《知不足齋叢書》第七函。

〔註19〕《十三經注疏》（臺北：藝文印書館，1987年8月初版第十三刷，影印嘉慶二十年江西南昌府學本），第八冊。

〔註20〕見孫欽善：〈《論語》的成書流傳和整理〉，《北京大學古文獻研究所集刊（一）》（北京：北京燕山出版社1999年），頁19～21。除此二系統外，故宮所典藏

有鑑於此一問題，已有前代學者和時賢的研究與整理〔註21〕，不煩本文重作考索。故爲免妨礙本文討論主題的集中與文路的延續，本文所引用之《論語》正文與《集解》注文，將一律以阮元審定之《十三經注疏》中的《論語注疏》爲底本。除非有影響到義理與詮釋角度的問題發生，否則關於皇《疏》與邢《疏》中《集解》底本的文字差異，本文將不再另行註明。

4、本文中所出現之所有《論語》注疏引文，皆以本凡例中所言版本爲準，在引文結尾將只揭篇名與頁碼，不再另行註明版本。同時爲了符合「注疏」體的特殊形式，引文中帶括號的是《論語》原文或《集解》注文，不帶括號的是皇《疏》與邢《疏》的疏文。

之影印元覆宋世採堂本《論語集解》（臺北：國立故宮博物院編輯委員會，1985其 10 月初版），論其時，較之日本正平本猶略早，而其注文與邢《疏》本頗有異同，核之則多與皇侃本同，可作爲此二本外又一參考，其與皇侃本是否同出一源？則有待考察。（感謝夏長樸師之提醒）

〔註21〕如阮元在《十三經注疏》中的《論語》校勘記中，即已引用皇《疏》與邢《疏》文本互爲比對。董季棠先生在〈論語皇本異文舉要〉（《孔孟學報》第二十三期，1972 年 4 月，頁 99～122）一文中，亦曾針對皇本與邢本經文異同做過整理。

第二章　皇《疏》與邢《疏》解經思想中的人性觀比較

　　《論語》本文中論「性」的篇章很少，僅子貢：「夫子之語性與天道，不可得而聞也已矣。」（〈公冶長第五〉）與子曰：「性相近，習相遠也。」（〈陽貨第十七〉）出現「性」一詞。然而後世注釋《論語》的注疏，對「性」之涵義的闡述卻大有可觀。這不僅僅是因為隨著孟、告、荀以下對「性」、「情」問題討論的日趨熾盛與深入，使論「性」成為中國思想史與儒學史中的重要課題。同時也與《論語》中早已蘊含有關於人性觀念討論的源頭思想，有密切關係。

　　《論語》罕言「性」，但屢言「仁」與「禮」，孔子言「禮」，每著意闡發外在形式規範「禮文」與內在真實情感「禮意」之相印合。故孔子重「禮」，而言「禮」每與言「仁」相呼應，孔子闡發「仁」之涵意處極多，但究其實所重主在二義：一是與「禮」互為應襯，仁之發乎外必有禮，禮之本乎內必有仁，故顏淵問仁，子曰：「克己復禮為仁。」（《論語・顏淵》）又曰：「人而不仁如禮何？人而不仁如樂何？」（《論語・八佾》）；二是自人「心」愛人之真實情感抒發處指出，故宰我不服三年之喪，孔子自其人心所安處責其不「仁」（《論語・陽貨》）；樊遲問「仁」，子曰：「愛人」（《論語・衛靈公》）；言「仁」以至及於「孝弟」、「忠恕」、「敬愛」、「好惡」，皆就「人心」立言。故《論語》中，孔子雖未正面詮解心性問題，然其自人心真實道德情感出發以貫通內外，溝通天人的仁禮合一之學，實已奠定後世儒學對於性命心性主題源源不絕的討論基礎〔註1〕。然孔子思想，雖已蘊含此一儒學思想發展的中心主題，但若

〔註 1〕馮友蘭先生云：「可知孔子之哲學，極注重人之心理方面。故後來儒家皆注重

究之《論語》本文,清楚詮解人性本質之內容,卻幾乎付之闕如,這無疑留給了《論語》與孔子思想詮釋者,很大的詮釋發揮空間。這也使得人性意涵之相關討論,在《論語》經注詮釋中,益發表現出值得注目之時代思潮特色。

特別當此一「人」之主題,展現在皇侃《論語義疏》與邢昺《論語正義》中,格外具有獨特意義。蓋皇侃所處之時代,正是在傳統群體價值觀解構與重整之魏晉南北朝,而《論語義疏》中所匯集之注疏,亦正為此一玄儒佛思想交會時期所衍生之新經學之作,此一時期對於人之自我群體與個體意識之覺醒,開啟了中古以降思想界之新風潮〔註2〕。經此一變,轉換了兩漢以前由大群體觀點出發之視角,重新對個體「人」之自然狀態投予關注,期望建構出一個以安頓個體圓滿狀態為起點,以致一人我安頓之群體大圓滿為理想之終極目標,此一觀點,亦成為魏晉六朝以降共同的時代呼聲。是以錢穆先生曾指出:

> 兩漢以前,無論為官學,為家言。……莫不以人類大群體之觀點為重,其精神意趣之所在,亦偏於政治社會之大群體,與其大群功業為主。……及夫魏晉之際,現世大群體已大壞,人生無所寄託,以往側重集體意識之理想不足以資吾心之慰悦,於是轉而期求個人各自之出路。……宋明理學,雖已注重到大群體之治平大道,而終不免以個人小我觀點為根柢,為一切理論之出發點,則仍未脫自魏晉以來此一段時期之精神也。故宋明之與兩漢,雖同為儒家,同言心

心理學。……對於性雖未有明確的學說,然以注重心理學之故,性善性惡,遂成為後來儒家之大問題矣。」(馮友蘭:《中國哲學史(增訂本)》,臺北:臺灣商務印書館,1996年11月,頁105。)錢穆先生云:「《論語》論仁,便是論心。……《論語》言『心』,實亦即是言『性』處。」「孔子雖少言性,而後代儒家言性,其大本源,則全出於《論語》也。」(錢穆:〈辨性〉,《中國學術思想論叢(五)》,臺北:蘭台出版社,2000年11月,頁294、296。)蒙培元先生亦云:「孔子直接談論心性及其關係的問題並不多,但他的仁學思想其實就是心性論的最初型態。」(蒙培元:《中國心性論》,臺北:學生書局,1990年4月,頁22。)傅佩榮先生云:「孔子並未多談人性是什麼之類的問題。我們無法從他在這方面的零星說詞歸納出人性的確定性質。但是我們可以體察出他對『人應該如何』非常關懷,他的學說環繞著人的應行之道。」(傅佩榮:《儒道天論發微》,臺北:臺灣學生書局,1988年8月,頁106。)

〔註2〕關於此一時期士階層之群體與個體自覺意識的相關討論,見余英時:〈漢晉之際士之新自覺與新思潮〉,收入所著:《中國知識階層史論(古代篇)》(臺北:聯經出版事業公司,1980年),頁05~275。

性義理，同講修齊治平，然一重集體，一重小我，斠然異轍。漢儒
必曰「通經致用」，而宋明儒則更重在「人性修養」〔註3〕。

　　然此一尋求個體安頓的時代需求，在進入隋唐以降，轉而由佛道宗教來予以
解答，儒學對個體與群體究極安頓之建構，要到宋代理學思潮中，才真正得
以完成，特別在歷經安史亂後，士族門閥益形瓦解，新興士人階級被擺放在
全新的天人脈絡下，孤立面對宇宙人生，對個體人性主題之思索進入另一階
段，亦促成了理學最終自宋學中脫穎而出〔註4〕。換而言之，對人性本來面目
與人生社會群體和諧之探索，是歷經魏晉以至宋明以降，漫長的發展與融會
過程乃漸趨圓熟的，而處於其間的皇侃《論語義疏》與邢昺《論語正義》，正
可反映出此一過程中，人性思想的轉圜與演變。

第一節　「性近習遠」與「上智下愚不移」章之疏解

　　《論語》中言「性」僅二處，一為〈公冶長第五〉子貢：「夫子之語性與
天道，不可得而聞也已矣。」一則為〈陽貨第十七〉「性相近，習相遠」章，
而出自孔子之口者唯〈陽貨〉一章。此是孔子在《論語》中唯一正式言及「性」
字之處，但所言極簡，只表達出一種人皆生而存有相近質性的意涵，未深入
討論此一生而有之質性其具體內涵為何，然亦盡為後之解經者預留大量詮
釋空間，是以我們亦將從此章討論起。

　　此章在朱子《集註》之前，都被視為是與今本下一章「惟上智與下愚不
移」同屬一章，這不但影響到《論語》解經者對此章所採取之詮釋，亦在很
大的程度上影響到歷代儒者對孔子人性論觀點的理解，不過這一部份下面還
會再詳細討論到，現在我們先一步步來看看歷代注疏家對此章詮解的演進。

　　首先在何晏《集解》中，對於此章的注文很簡約，僅引孔安國言曰：「君
子慎所習。」這只是平實強調孔子對「習」之重要性的看重，並未觸碰「性」
之意涵的問題；下面針對「惟上智與下愚不移」句，復引孔安國之言曰：「上
知不可使為惡，下愚不可使強賢。」所謂「強賢」可能還關係到個人之才智、

〔註3〕　錢穆：〈三論禪宗與理學〉，《中國學術思想論叢（四）》（同註1），頁295～296。
〔註4〕　關於唐宋士之轉型與宋代思潮建構間之關連與影響，可參見 PeterK.Bol，
　　　　ThisCultureofOurs：IntellectualTransitionsinT'angandSungChina（California：
　　　　StanfordUniversityPress，1992）；中文譯本見包弼德著、劉寧譯：《斯文：唐宋
　　　　思想的轉型》（江蘇：人民出版社，2001年）。

能力問題，但「爲惡」卻已涉及操行表現的正確與否（「賢」亦包含有德行正確之含義）。如此一來，此章的所言「不移」之「知愚」，其所指攝者究竟爲人之材質高下？抑或涉及人性之本質與德行之依據？《集解》並未明言。其次另一問題是：所謂「不移」者，究竟是「不可」移，「不願」移，或「不能」移？這都將會影響到對人性本質與教化功能之詮解，對此《集解》以「不可使移」注之，如此則隱含一眾生間存有天生本質差異之含義（不論其所言究竟爲材質之性或本體之性），也就是開始涉及到人之「殊別性」問題，那麼所謂「性近習遠」究竟是人之共性或殊性，亦應加以考究了。凡此種種皆是可再探詢之處，可以說，《集解》此章注文雖簡，卻已開始觸碰到如何詮解《論語》中人性觀點的幾個重要主題。

順著這個脈絡來看皇侃《義疏》對此章的疏文，首先引起我們注意的是，皇《疏》對此章之發揮在份量與涉及的面相上，都大大的超越了《集解》，舉凡「性」之定義、稟性之來源、人性之「共性」與「殊性」意涵、「性」與「情」之關係架構、「性」與「習」之連結……等，皆廣泛的予以討論與疏解，相較於《集解》簡約的注文，皇《疏》在這一章中已爲我們顯露出其作爲《義疏》所別具之特色。因其所涉及的面相過於龐大，這裡先來看的是他針對「性近」、「習遠」所鋪陳之定義：

> 性者，人所稟以生也。習者，謂生後有百儀常所行習之事也。人俱稟天地之氣以生，雖復厚薄有殊，而同是稟氣，故曰相近也。及至識，若值善友則相効爲善，若逢惡友則相効爲惡，善惡既殊，故云相遠也。故范甯曰：『『人生而靜，天之性也；感於物而動，性之欲也』，斯相近也；『習洙泗之教爲君子，習申商之術爲小人』，斯相遠也。」（《論語義疏・陽貨第十七》）

對於「性」，皇侃《義疏》首先昭示的是其作爲人之先驗本質的意涵：「人所稟以生也」，而「習」則是「生後有百儀常所行習之事也」，然則所謂「性近習遠」，即是表述凡人之生即有一先驗共通之質性，此一共通性是凡稟生爲人者皆共同具備的，此即皇《疏》所言：「人俱稟天地之氣以生」。然孔子言「性近」而不言「性同」，則此一通性中又必存有其殊性層面，是以雖「近」而未可言「同」，故皇《疏》在「同是稟氣」架構下，輔之以稟氣「厚薄有殊」。稟氣既有「殊」，則人之才性表現亦有「殊」，是以自稟氣可言其「同」，亦可

言其「殊」，將人之共性與殊性皆含納進此一稟氣成性架構下，如此乃能完整理解孔子言「性」之旨。此是皇侃《義疏》對此章中「性近」義之詮解。

然此一稟氣相近且具濃薄殊異之性，雖是人人稟賦於有生之初的先驗質性，卻並非定然不變：「及至識，<u>值善友則相効爲善，若逢惡友則相効爲惡，善惡既殊，故云相遠也</u>。」此乃承續《集解》中孔安國以「習遠」爲此章重心之詮釋角度，實則綜觀《論語》，孔子強調後天學習教育之重要性的思想態度相當明顯，《集解》未論「性」之含義，而僅強調「習遠」之重要性，亦不失爲一平實之解。然在孔子，可僅言「性近習遠」，未言此一相近之「性」所指爲何，到孟、告、荀等人就須針對性之善惡予以討論；在何晏《集解》，可僅言「君子慎所習」，無須進一步論述「性」之意涵，待到皇侃《義疏》，在強調「習」之重要性的同時，卻須對性情含義作出大量的疏解，此亦可見人性主題是如何在中國思想界中日漸上升與受重視，特別是皇侃所處之六朝時代，對於性情相關主題進行了大量的討論，此皆反映在皇侃此章含醞豐富的疏文上。

綜合而言，僅就「性近習遠」義，皇侃《義疏》與《集解》相較，即已顯露出幾個值得注目之重要特點：一是以「稟氣」含納人性之「共性」與「殊性」層面，二是強調習效環境對人之後天德行表現的決定力。此外，其引范甯以《禮記・樂記》「人生而靜，天之性也；感於物而動，性之欲也」之語，以詮解性之「相近」，亦頗值得重視。蓋以《樂記》「人生而靜」釋性之天然本體狀態，而將情欲活動歸於「感物而動」，這其中已隱含一體用動靜架構，亦爲《周易・繫辭》「寂然不動，感而遂通」之義，然則此一相近之性所代表的意義，就不再僅是相近才質，而是涉入寂然本體意涵的問題，此點在其後皇侃接續援引「一家舊釋」以解性情之義時更顯得突出：

> 然情性之義，説者不同，且依一家舊釋云：性者，生也。情者，成也。性是生而有之，故曰生也；情是起欲動彰事，故曰成也。然性無善惡，而有濃薄，情是有欲之心，而有邪正。性既是全生而有，未涉乎用，非唯不可名爲惡，亦不可目爲善，故性無善惡也。所以知然者，夫善惡之名恒就事而顯，故老子曰：「天下以知美之爲美，斯惡已。以知善之爲善，斯不善已。」此皆據事而談。情有邪正者，情既是事，若逐欲流遷，其事則邪，若欲當於理，其事則正，故情不得不有邪有正也。（《論語義疏・陽貨第十七》）

蓋「性者，生也」，此乃出於對「性」字最初概念之理解。「性」之本字，本同於「生」，甲骨文和金文中都出現了「性」的本字：「生」字，東漢許慎《說文解字》謂：「生，進也，象草木生出土上。」這是指出「性」（「生」）之概念，最初乃泛指草木等一切生物在內的某種生命特性，故言「性」之「生」義，亦即強調「性」之自然義，然如何才是「性」之本然狀態，卻可有不同之理解。

「性」字本義爲「生」，然孔、孟卻皆未對於此一「生」之本義多所著墨，著力將「生」之本義以「正名」方式反覆論述者，乃是告子、荀子以至漢代董仲舒以降強調需藉助聖王禮義教化以完足人性之儒者。其共同之傾向，乃在強調「性」之本然狀態無力自主達成禮義道德之圓滿，故需聖王禮教以助導之，其所言性之「生」義，重在其動物性之本能「材質」意涵。然言「性」之「生」義者，尚有另一路向，即是道家一派之學者。其所強調者，亦爲「性」之自然義，然其所主張者，乃以此一自然樸素之「性」爲稟源於「道」之「德」的顯現。蓋在道家思想中，宇宙本根是「道」，人物所得於道以生者是「德」，既生而德之表現於形體者爲「性」，此一自然之「性」，實具有個體究極本根之意〔註5〕。仁義禮節乃後天人爲所訂定的世間相對標準，非本性所固有，人只有順其性命之情，超脫人世名教而復歸乎天性本然，方爲至正。若論仁義，若論情用，皆爲本體在形下現象界之發用，故皆應以其性體本然爲依歸。

觀乎皇侃此章《疏》文自注所言，其對「習效」決定力之強調，頗近於告、荀以至董仲舒以降的漢儒主流論性之見，然審視「一家舊釋」對性情的注文，其中所論「性」之生義，又已透露出一種近道家而遠告、荀之趨勢。故其所言，特在強調「性」之「未涉乎用」，而所謂善惡者，乃形下現象界相對之成名，故曰「善惡之名、恒就事而顯」；「情」之有邪正者、乃因其爲性體發用於此一現象界之「事」用，其發用或合於性理本然，或偏曲其本然，故乃有邪正之別。以「邪正」取代「善惡」，正凸顯其評判依據是以「情用」與「性理」之契合度而定，故「一家舊釋」曰：「情有邪正者，情既是事，若逐欲流遷，其事則邪，若欲當於理，其事則正，故情不得不有邪有正也。」

〔註5〕《莊子·天地》：「泰初有无，无有无名；一之所起，有一而未形。物得以生，謂之德；未形者有分，且然无閒，謂之命；留動而生物，物成生理，謂之形；形體保神，各有儀則，謂之性。性脩反德，德至同於初。同乃虛，虛乃大。」《莊子集釋》（臺北：萬卷樓圖書有限公司，1993年），頁424。本文所引《莊子》皆出自此版本，不再另行註明。

換句話說，情之「邪正」乃依據其與「性」之「遠近」而定，其判準之價值根據正在於此一稟源於天道之「德性」，是以其後援引王弼所提出之「性其情」概念，簡而言之，即是以人之情慾行動之發用，皆應依此天理本然之性體而行，如此方可達至最圓滿之自然狀況，故曰：「不性其情，焉能久行其正；此是情之正也。若心好流蕩失眞，此是情之邪也。若以情近性，故云性其情。情近性者，何妨是有欲。若逐欲遷，故云遠也；若欲而不遷，故曰近。」這其中，已隱含一種對性體形上超越意涵的肯定。

　　蓋性之本體義，爲後之理學所極爲重視之觀念，然此在魏晉實已發其端，皇侃《義疏》中所引「一家舊釋」與王弼注文，正展現出此一面相的時代特色。然這與皇侃疏文間所存在之矛盾卻該如何理解？「一家舊釋」與王弼既亦言「性」乃「稟氣」而生，並且存有「濃薄之異」，何以又能肯定其形上本體意涵？以上皆爲亟待梳理之問題，筆者將在下一節中再予以詳細討論。

　　但此處尙餘一問題，即是皇侃既已認同「習遠」影響力如此之大，何以孔子接續又言「惟上智與下愚不移」，然則此一「不移」之「知愚」與「性近習遠」間究竟該如何調解？《義疏》接續以一「三等性品」說詮解之：

> 夫降聖以還，賢愚萬品，若大而言之，且分爲三：上分是聖；下分是愚；愚人以上，聖人以下，其中階品不同而共爲一，此之共一則有推移。今云「上智」，謂聖人；「下愚」，愚人也。夫人不生則已，若有生之始，便稟天地陰陽氤氳之氣。氣有清濁，若稟得淳清者則爲聖人，若得淳濁者則爲愚人。愚人淳濁，雖澄亦不清；聖人淳清，攪之不濁。故上聖遇昏亂之世，不能撓其眞；下愚值重堯疊舜，不能變其惡，故云「唯上智與下愚不移也。」而上智以下、下愚以上，二者中間，顏閔以下、一善以上，其中亦多清少濁，或多濁少清，或半清半濁，澄之則清，攪之則濁。如此之徒以隨世變改，若遇善則清升，逢惡則淬淪，所以別云「性相近，習相遠也。」（《論語義疏・陽貨第十七》）

人稟氣而生，氣之特性，在其含藏有濃薄清濁之異質殊異性，故凡人之生雖皆同爲稟氣，然因其所稟氣性之清濁濃薄差異，故可有不同性品之材質稟賦。然此一差異既稟於有生之初，理應亦無可移之理，此乃孔子所言「上知下愚」不可移之義。然對中等性品者，則因其稟氣充滿清濁駁雜之不穩定性，故復

存有「隨世變改，若遇善則清升，逢惡則渾淪」的可化性，此即孔子別云「性近習遠」之義。此三等性品之說，亦是呼應人生稟氣皆有濃薄之異的觀點。

現在再來看看邢昺《論語正義》對此章所下的疏語，同樣作為解經解注之作，邢《疏》此章的注疏顯然簡約許多：

> 此章言君子當慎其所習也。性，謂人所稟受以生而靜者也，未為外物所感，則人皆相似，是近也。既為外物所感，則習以性成。若習於善則為君子，若習於惡則為小人，是相遠也。故君子慎所習。然此乃是中人耳，其性可上可下，故遇善則升，逢惡則墜也。孔子又嘗曰：唯上知聖人，不可移之使為惡；下愚之人，不可移之使強賢。此則非如中人性習相近遠也。（《論語注疏・陽貨第十六》，頁154）

相較於皇《疏》，邢《疏》有所承繼，亦有所刪省。承襲下來的，是人性三等性品之說，故孔子言「不移」，特就上品聖人與末品愚人而言，至若「性近習遠」，乃指中人性品，其性可上可下，可善可惡，端賴外界之教育環境以決定之，換句話說，對於本章孔子兩語間所可能存之矛盾，邢昺《正義》基本上是延續皇侃《義疏》的詮釋模式予以化解。然邢昺在承襲中，亦有其刪改，首先是去除掉皇侃《疏》文所引的大篇幅關於性情體用本末與無善惡（近）卻又有濃薄（遠）之相關論述，換句話說，也就是去除掉皇《疏》中對於「氣性」之殊異自然，不含道德屬性（無善惡）等特性的描繪與發揮。

《正義》既刪去大量討論「氣性」之濃薄殊異與自然無善惡方面之論述，所保留下來的，乃是以「性」之「生而靜」、「未為外物所感」去強調所謂「性」之「近」，自其未涉乎形下感物層次的靜寂本體意涵上立說。雖然最終在對於「性」之生質需待「習」以成善惡上，兩《疏》的看法並無太大差異，但皇侃所言重在強調氣性之自然，故無善惡內涵可言；而邢《疏》則轉就性之本體靜寂，未為物感故無善惡可言立說，兩者雖有可溝通之處，但所重已有不同，這其中顯然已經歷了相當程度的思想發展。實則在皇侃《疏》文中，已可觀其端倪，如其引范甯以「人生而靜」以說「性」之未感，引「一家舊釋」與王弼性體情用之說……等。蓋對於「性」之觀點，如何由不具道德理性的材質氣性，逐步匯入本體意義的形上性理。此為中國人性論觀點演進中，一頗值得重視與探討之發展，皇侃與邢昺對於《論語》人性觀的疏文中，無疑已蘊含此一微妙發展脈絡所留下之軌跡，值得投予更深一層的關注。

　　總結以上對《論語‧陽貨》「性近習遠」與「上智下愚」章中所討論的皇侃《義疏》與邢昺《正義》人性觀點，可梳理出幾個重要層面：一是在性體情用架構下，逐步匯入性體之本體義與性理義。二是自「稟氣」以言人生之「性分」有定與「同、異」有別；三則是在稟氣性定之架構下，將人之性品粗分爲三：以上品聖人與下品愚人歸於不移，而以中品之人可上可下性品以論教化習染之重要性。以下就暫以此三個層面爲綱要，分段探討滲透於皇侃《義疏》與邢昺《正義》中的人性論觀點演進。

第二節　論「性」與「情」──「性」之本體義與氣性義

　　在「性近習遠」章中，皇侃以同是「稟氣」，而又有「濃薄之異」詮釋「性」之自然「生」義；在「上智下愚」章則又承襲漢代以來的性三品架構，將人之天生性分割分爲不同級等；凡此種種，皆展現強烈之氣性論特色。然正如本文在前一節所討論過的，在皇侃援引范甯「人生而靜」注文時，「性」之靜寂本體意涵，已隱約有所透顯；而在援引「一家舊釋」及王弼注文中，我們又看到展現「性」之形上本體性理意涵的性體情用說，似乎皇侃疏文中的氣性論點，含藏有較爲複雜之含義與思想發展，無法簡單以宋代理氣二分架構下的「氣質之性」予以理解，現在先將「一家舊釋」之注文完整的再看一遍：

> 然情性之義，說者不同，且依一家舊釋云：性者，生也。情者，成也。性是生而有之，故曰生也；情是起欲動彰事，故曰成也。然性無善惡，而有濃薄，情是有欲之心，而有邪正。性既是全生而有，未涉乎用，非唯不可名爲惡，亦不可目爲善，故性無善惡也。所以知然者，夫善惡之名恒就事而顯，故老子曰：「天下以知美之爲美，斯惡已。以知善之爲善，斯不善已。」此皆據事而談。情有邪正者，情既是事，若逐欲流遷，其事則邪，若欲當於理，其事則正，故情不得不有邪有正也。（《論語義疏‧陽貨第十七》）

其下接續援引王弼在《周易‧乾卦‧文言傳》以「性其情」所下之注語，對性情之體用動靜關係作了更深層之辨析：

> 故《易》曰：「利貞者，性情也。」王弼曰：不性其情，焉能久行其

正〔註6〕？此是情之正也。若心好流蕩失眞，此是情之邪也。若以情近性，故云性其情。情近性者，何妨是有欲。若逐欲遷，故云遠也；若欲而不遷，故曰近。但近性者正，而即性非正；雖即性非正，而能使之正。譬如近火者熱，而即火非熱；雖即火非熱，而能使之熱。能使之熱者何？氣也、熱也。能使之正者何？儀也、靜也。又知其有濃薄者。孔子曰：「性相近也。」若全同也，相近之辭不生；若全異也，相近之辭亦不得立。今云近者，有同有異，取其共是。無善無惡則同也，有濃有薄則異也，雖異而未相遠，故曰近也。（《論語義疏・陽貨第十七》）

此處橫生爭議者，特在「無善無惡」之性的意涵詮解上〔註7〕。若「無善惡」

〔註6〕 傳統觀點認爲，此處自「王弼曰」開始，直到最後，全部爲皇侃《義疏》引王弼《論語釋疑》的佚文，現階段大部分學者仍主此說，並據此結合王弼他處論性情之說以探討王弼性情觀所呈現之意涵，然亦有學者質疑此段引文是否全然出自王弼《注》的可靠性，如陳寅恪與王維城先生皆曾疑此注自「近火者熱」以下乃皇侃注語，非王弼注語；張恆壽先生則依據此段注文所用譬喻與辨析形式帶有濃厚受佛典注疏影響之色彩，直接質疑皇侃所引王弼《注》恐係後出托之，非出於正始王弼之作，見張恆壽：〈六朝儒經注疏中之佛學影響〉，《中國經學史論文選集》上冊（臺北：文史哲出版社印行，1992 年 10 月），頁491、502。其後，王葆玹先生亦提出其看法。他認爲王弼本人的文字僅「不性其情，焉能久行其正」一句，且是出自王弼《周易》注，以下則爲「一家舊釋」之注語，見王葆玹：《玄學通論》（臺北，五南出版社，1996 年），頁 503。此意雖較張說周詳，唯王說所據之論點，仍與張說相近，亦即僅由「近火者熱」之譬喻懷疑其乃受佛典影響，故應晚出，並未提出進一步可資論斷的論據。近來王曉毅先生則在王說基礎上，自文句與行文結構提出支持，其論點有二：一爲「王弼曰……」後立刻接言「此皆……」，這與前引「《老子》曰……」後亦接續「此皆……」相同（然今筆者所見本「王弼曰……」後所接續爲「此是……」，與王氏所見小異，不知王氏所本爲何）；其二爲王弼不應在同一段話中解釋自己說過的話，足見其皆僅爲皇侃爲論述此意所引之引文（然此處縱非王弼注，就其行文語脈看來，究竟爲皇侃抑或「一家舊釋」之注語，恐仍有討論之空間）。見王曉毅：《王弼評傳》（南京：南京大學出版社，2002 年 5 月），頁 323。以上諸說皆有其值得參考之處，特別是現今他處所見之王弼「性其情」引文，亦皆僅有《周易注》中所言之一句。唯筆者以爲：不論「性其情」說後所接續之注語究竟出於王弼抑爲「一家舊釋」，兩者所論性情觀點畢竟存有相當程度之相容性，不論其作者爲誰，皆不妨礙我們將之做爲輔助我們掌握魏晉性情觀之重要資料。

〔註7〕 對於魏晉性情問題之討論，特別是關於王弼「性其情」說之關注，早期學者多與其聖人「有情無累」說連繫起來看，代表之作如湯用彤：〈王弼聖人有情義釋〉，收入湯用彤：《魏晉玄學論稿》（上海：上海古籍出版社，2001 年 6

之性所表述者，僅爲不具善惡的「材質之性」〔註8〕，則如何又能如王弼所言具有「性其情」之主體能動力〔註9〕？然若欲將「無善惡」之性抽高至「理一分殊」架構下「超善惡」之「理性」〔註10〕，則又將如何解釋其同時具有「稟氣性定」、「性有濃薄」之「氣性」特質？

　　言「無善惡」之性，實即是言「性」之自然「生」義，是以正如前一節所討論過的，此一所謂「無善無惡」之「自然」生性，溯源回先秦，亦存在著兩種可說是截然不同的立論角度：一爲告子「生之謂性」、「性無善無不善」（《孟子·告子上》）的自然材質之性〔註11〕；二則爲道家式的性無善惡說，雖亦以性

月），頁77～89。其後林麗眞師針對「性其情」說中所透顯出來的人性論問題著以專文討論，「無善惡」之性與「性其情」意涵的詮釋問題乃漸受重視。見林麗眞：〈王弼《論語釋疑》中的老子義〉，《書目季刊》第二十二卷第三期（1988年12月），頁34～61；林麗眞：〈王弼「性其情」說析論〉，《王叔岷先生八十壽論文集》（臺北，大安出版社，1993年），頁599－609。然承續林師之討論，部分學者亦開始提出對於王弼「性」之定義的重新詮釋，如錢國盈先生、周大興先生，與筆者等人皆曾撰寫專文針對此一問題再進行討論。見錢國盈：〈魏晉人性論研究〉，《師範大學國研所集刊》第三十六號（1992年5月），頁47。周大興：〈王弼「性其情」的人性遠近論〉，《中國文哲研究集刊》第十六期（2000年3月），頁339－371。拙作：〈從王弼「性其情」說到程頤「性其情」說〉，《中國文學研究》第十五期（2001年6月），頁47－74。

〔註8〕林麗眞師由不具善惡的「氣質之性」切入詮釋王弼「無善惡」而「有濃薄」的自然之性。以「自然質性」詮釋王弼「性」之意涵。並進而提出質疑：「對於稟氣不同而不具善惡的自然之性，是否能夠『使情近性』而不偏邪，並保證人的行爲可以自然地符合仁義禮節的問題，他的解說也難令人滿意。」見林麗眞：〈王弼「性其情」說析論〉（同上註），頁602。

〔註9〕錢國盈先生就曾質疑：「若依林、王二先生之說，則必然出現一個問題，即如何能言『性其情』？材質之性未發之時本無善惡可言，雖或有爲善爲惡之傾向，此亦非現成之善惡，故亦可言『無善無惡』，當其應物而動則稱之爲情，情之動有過與不及之別，故可有善惡之判斷……然而此種材質之性是無法改正情之惡的，是故林麗眞先生亦不得不發出疑問……」詳見錢國盈：〈魏晉人性論研究〉（同上註），頁47。

〔註10〕周大興先生即認爲：「無善無惡」乃是「超越善惡」之意，而「濃薄之異」，是指「就人人所稟形上根源的『分殊』而言，在此，形上自然之道與個人本性之間，……倒不如說是『理一分殊』的關係。」如此王弼「雖然提及個人分殊濃薄之性，但此一分殊之性其實並沒有『質』上的差異」。見周大興：〈王弼「性其情」的人性遠近論〉（同上註），頁339～371。

〔註11〕告子「生之謂性」、「性無善無不善」（《孟子·告子上》），是以自然的、完全無待教導的本能爲性，「性」乃是不可學、不可事、自然如此的「自然材質」。荀子「性者天之就也」、「性者本始材樸也」（《荀子·性惡》），大體上頗相近於此涵意下之性（唯告荀二人的性說亦有其相異處：荀子所謂「性惡」著重

非善非惡，然其所言「性」，乃是稟源於「道」，具有終極根源之意〔註12〕。前者以性爲質樸自然而「不足」，是以必待後天教化以成善；後者同樣以性爲自然，然此自然之性乃是「至足」而「至善」，故順性而行即是至德。也就是說，同樣是「自然」之性，兩者「自然」的涵意並不完全相同，兩義可謂似同而實異〔註13〕。然此二義，亦有其可相互溝通之處，即是皆不將道德倫常視爲人之本性所固有。是以其立場，雖則一主德行「人爲」必待外塑，故聖王之教不可廢；一主道性至善超越禮教，故順性至足不待外教。然其論人性本質，皆不主蘊含有道德根源之意，則爲所同，故此二含義下所言之「無善無惡」自然之性，復又有其可相溝通之處，此乃成爲魏晉儒道人性論融會之端倪。

現在正如前文所討論過的，「一家舊釋」與王弼疏文在精神上，無疑是更近於道家「道」－「德」－「性」貫通之形上性體性命觀的，也就是以性體作爲個體情欲發用之依歸。皇侃在疏文中既曰：「性情之義、說者不同、且依一家舊釋……」，並大段引用此段注文，顯然對於此性體情用架構，應採肯定

人性中的好利多欲，凡順性之所有，必流於惡，是以需待後天人爲的禮義教化以成善：然而對告子而言，所謂好利爭奪，亦非生而即然，亦是受教薰染而成的。食色兩者本身，不能說是惡）。此說既以生而完具的材樸本能爲性，則其不具道德善惡，自不待言；既爲不具善惡之本始材樸，則其必待後天的禮文教化乃能成善，亦不待言矣。是以荀子曰：「人之性惡，其善者僞也」（同上）；董仲舒亦曰：「生之自然之資謂之性」、「性待教化而爲善」（《春秋繁露・深察名號》）。

〔註12〕道家雖亦以性爲非善非惡，然其思想卻與告子大異，事實上可視爲一種「性超善惡論」或「性至善論」。道家不承認仁義是人性，亦不承認情欲是人性，而認爲仁義情欲都是傷性的。道家所認爲「性」者，是自然樸素的，乃所謂「德」之顯現。人之本性，道家亦名之曰「性命之情」。情者眞實之義，性命之情即性命之眞。其中不含仁義、不含情欲。《莊子・駢拇》云：「彼正正者，不失其性命之情。故合者不爲駢，而枝者不爲跂；長者不爲餘，短者不爲不足。」道家認爲人人惟當任其性命之情，不要矯揉造作，如是即可達到自治的境界。「夫待鉤繩規矩而正者，是削其性者也。……吾所謂臧者，非仁義之謂也，臧於其德而已矣；吾所謂臧者，非所謂仁義之謂也，任其性命之情而已矣。」（同上）此種學說，亦可以說是一種絕對的性善論，認爲人性本來圓滿，順人之本性，當下便是最好的生活，此本性之善，是絕對的，而非與惡相對的，如仁義禮節等，對道家來說，乃後天人爲所訂定的相對之善，非性之所本有。

〔註13〕關於此一「性無善惡」說之含義討論，可參考張岱年：《中國哲學大綱》（北京：中國社會科學出版社，1997 年 4 月），頁 193－194；與拙作：〈從王弼「性其情」說到程頤「性其情」說〉，《中國文學研究》第十五期（2001 年 6 月），頁 47－74。

態度。但有趣的是，在接受此一道家意涵的性體架構下，皇《疏》對於此一性體所採取之態度，卻非道家因任本性自然即可達最理想狀態之態度。試比較皇《疏》所引「一家舊釋」注文與其自注本文，我們會發現，其中已隱然有所差異。依「一家舊釋」與王弼之意，情之「邪正」／「遠近」是依其與「性」之契合度（是否「循性當理」）而定，然依皇《疏》注文，「相近」之意，固然在於人同稟此一無善惡而有濃薄之天地氣性而言，然若論「相遠」，卻是以「生而後有儀常所行習之事」爲定，換句話說，以後天人之「所遇」、「所習」、「所值」而定，故曰「及至識，若值善友則相効爲善，若逢惡友則相効爲惡，惡善既殊，故云相遠也。」若回歸《論語》本文，皇侃此疏乃是承襲何晏《集解》以來自孔子重「習」之意以詮釋此章，亦未必全然不合於孔子原意，然差異點在於，「一家舊釋」與王弼注文特點出此一「習遠」之行，實有一共通之本源自然天性，如此則「習遠」所造成之差異，也就不僅是被動的掌握於外在習染教化，而是可以溯源自眾生共有之本源性體，行爲的終極標準有了自體依歸，不再被動掌握於後天外在環境。這是魏晉玄學家在吸收老莊道德性體架構下，對性情關係架構所做出之思想創見。從這個層面說，與孔子回歸人心共有之本情眞意以爲倫理依歸的思想脈絡，是更爲接近的。

相對於此，皇《疏》的詮釋脈絡卻益發展現其獨特之處，皇《疏》在接受魏晉以降性本情用架構下，卻仍然採取告、荀以至漢儒對材質之性所抱持的不信任態度，換句話說，仍然訴諸外在的習染教化以決定德行行爲的完成。這和王弼以「性」爲「情用」之依歸，以回歸性體本然爲究極理想的態度顯然是有別的。也就是說，皇侃在接受道家式性體概念的同時，並未同時吸納其對自然本性的信任，而是仍然採取漢儒以外在教化決定理想德行完成之模式。此一思想架構背後所蘊含之因由，值得予以探究。

蓋在儒學以倫理價值爲主體意識的思想架構下，善惡問題雖已抽高至人性之本質本性範疇，但同時具體仍須落實於現實界的人倫日用間，而當此一道德實踐落實於現實世界爲廣大群體之共同行爲價值時，需有一共同之標準以確保道德實踐之完成，換句話說，善惡需有一普遍而定然之標準。然在道家破除世間積習執見，以還原人生自然完足本然狀態的思想架構下，此一人世間所謂的仁義道德，只能視爲人爲造作下的現世產物，不僅是相對的、隨時變改的，更是不可靠的，甚而戕害天道人性。魏晉思想之突破，即在吸收道家思想家對於此一具體名相分別價值之質疑，進一步抽離至形上本體之

絕對境界，故人世相對分別之善惡價值，從究極本體高度上來看，正爲秉承「道」－「德」－「性」之本體「性體」所應超越與破除之執見。此正「一家舊釋」引老子「天下以知美之爲美，斯惡已；以知善之爲善，斯不善已」，並力言「夫善惡之名，恒就事而顯，此皆據事而談」之意。

然性之本體中既應超越「善惡」，但究竟是否具有可作爲「善惡」依歸的本體內涵？換而言之，即使在王弼和「一家舊釋」思想架構下，性雖已隱然蘊含有稟源於「道體」的本體超越意涵，但善惡既屬形下，則此一混雜「材質氣性」與「超越本體」意涵的「無善惡」之「性」，其中不具倫理綱常意義下的「善惡」內涵，殆無可疑。性中既無善惡內涵，則不可以此爲標準「均一」強求於眾生本性之所固有；此爲其一。其次性中既無善惡，而維繫社會和諧運作之善惡標準又不可無，如此如欲保證德行之完成，則必將推出以後天人爲教化引導中人性品的重要性；此爲其二。換句話說，就個體而言，性是稟自天地道氣以生，爲每一個體之究極分限依歸所在。就此一層面，皇侃引用了王弼「性其情」概念，在這裡，「性」被賦予了究極本體與價值根源之主體地位，所以當王弼言其「無善無惡」，實表達一超越「相對」善惡之「至善」、「至正」之終極價值意涵，故可言善惡「不足」以言性。然另一方面，此一性體既同時含存有眾生性品之殊異層面，而道德行爲之完成，又有賴一共通均一之標準；然則此一「無善無惡」之性體在形上本體高度上雖有超越人世間相對善惡之境界，但若論及道德倫常之施行與完成，此一性體中亦無足爲主體價值趨動力之倫理內涵。故依此，吾等亦可言善惡「不可」以言性，善惡既屬形下，乃情欲發用之名，則其完成，實待聖賢制禮作樂之「人事」以補足。換句話說，皇侃疏文中所表現出的，是一種帶有強烈過渡性與發展性的匯合型「性」論架構，是一種結合道家本源性體與儒家對「禮義倫常」之強調重視的新型態人性論融合觀點。

換句話說，在魏晉玄學家吸收老莊性本情用的思想架構下，此無善惡之「性」，已不僅僅具有生物材質意涵，而是一種同時兼具形上本體與自然氣性的理氣合一性體。然此一性體，與人世名教倫理間，卻仍存有一定之隔閡，在《論語》此章中所看到的，正是對於此一隔閡所採取的不同詮解模式。

或許可以說，「一家舊釋」與王弼「性其情」說中以「無（超）善惡」之性與「發用」之情的遠近，來論行爲之正邪的道家「道」、「德」、「性」貫通式性情說，似乎並沒有在魏晉時代「性無善惡」的人性論思潮中，引起全面性的風

潮與承繼。至少到皇侃的時候，對於「無善無惡」之性的態度已幾近於告子式「無善惡可言」的材質之性。衍至宋代，亦主「性無善惡」而「情有善惡」的王安石與蘇軾等人，初看和王弼思想極為相近〔註14〕，細看卻是偏向於皇侃一派主外在習染決定善惡。可以看到，他們對「性」的想法仍然徘徊在荀子與漢儒那種對禮義教化的強調與對個體人性的不信任態度中，性的究極主體地位無法得到最終極的肯定。很清楚的，在他們的思想架構底下幾乎難以說出「性其情」，正如兩漢氣性論者也不會說出「性其情」一樣〔註15〕。

那麼王弼「性其情」說是否在宋代再度提出前〔註16〕，就此消失了呢？

〔註14〕 王安石與蘇軾對性情的看法和魏晉時期性情說頗多可相呼應之意，如蘇軾在《東坡易傳》中也曾引用「火熱」之喻以辨性善：「昔者孟子以善為性，以為至矣，讀《易》而後知其非也。孟子之於性，蓋見其繼者而已。夫善，性之效也。孟子不及見性而見夫性之效，因以所見者為性。性之於善，猶火之能熱物也。吾未嘗見火而指天下之熱物以為火，可乎？夫熱物，則火之效也。」《兩蘇經解》（京都：同朋舍，1980年），《東坡先生易傳》卷七，頁379。「火熱」之喻出於《莊子‧天下篇》所引述先秦名辯學說，《論語義疏‧陽貨》「性近習遠」章「王弼曰：不性其情，焉能久行其正」下注文即此喻以辨性情之體用（見本文頁26引文），魏晉時期關於此一命題的討論頗有發展，特別是圍繞在《莊子‧天下篇》注釋中，見王葆玹《玄學通論》第九章對於「火不熱」主題的討論（同註6，頁499－508）。關於《論語義疏》中「火不熱」命題所表達的性情觀意涵，可參考拙作〈從王弼「性其情」說到程頤「性其情」說〉（同註7），頁55－58。

〔註15〕 王安石「性無善惡」說見於劉敞《公是先生弟子記》所引述（台北，台灣商務印書館《百部叢書集成452》影印《知不足齋叢書》校刻南宋本，1966年），頁42－43。但安石對性情問題的思考並不僅於此，考其今所留存的論性文獻，安石一生對性情的思考可謂經歷多重轉折，故早有學者注意到安石對性情的看法，在觀念上可能有過轉變。如夏長樸師即主張：早先王氏所主張的是性情合一、性無善惡、由情見善惡；但在熙寧變法失敗，歸隱金陵後，乃改從孟子「性善」說。相關論述見賀麟：〈王安石的性論〉，《思想與時代月刊》第四十三期，1947年；夏長樸：〈王安石與孟子的關係〉，《李覯與王安石研究》（台北，大安出版社，1989年），頁203－211。然而不論安石性情論如何有過轉變，相同的是安石都仍將焦點放在強調外在後天的環境與學習教化，故其雖主「性情合一」，卻不曾提出近於王弼或「一家舊釋」的「性其情」說。相對於理學家如程頤等人在主張「性善」的同時，亦承繼「性其情」說，更可見安石性情說之特出。相關討論參見拙作：〈北宋江西學者人性論與聖人觀試析——兼論宋代儒林與道學間的幾點思想差異〉（該文已撰就，即將發表）。

〔註16〕 今所見宋代前援引「性其情」說之文獻，除皇侃《論語義疏》外，尚零星見於部分道玄氣息濃厚之注疏中，如張湛《列子注》卷第四〈仲尼篇〉，成玄英《老子南華真經疏》卷四上外篇〈駢拇〉，卷八下雜篇〈則陽〉。然皆僅引王

一個有趣的資料是，唐孔穎達《周易正義‧乾文言》疏：

> 利貞者，性情也者。所以能利益於物而得正者，由性制於情也。
> ……不性其情，何能久行其正者。性者，天生之質，正而不邪；情
> 者，性之欲也。言若不能以性制情，使其情如性，則不能久行其正。
>
> 〔註17〕

這可說是今日所見最早正面詮釋王弼「性其情」說的文獻（程頤以下的易傳
都沒有再採用這個說法，因為就上下文來講，它可能是不符合〈文言傳〉原
意的〔註18〕），其中疏解王注之義而曰：「性者，天生之質，正而不邪；情者，
性之欲也。言若不能以性制情，使其情如性，則不能久行其正。」頗值得注
意。《正義》會以「正而不邪」注「天生之質」之「性」，並不是偶然，王弼
的「性其情」說本來就隱藏著這樣的注解空間，應該說，或許王弼立論在這
個地方有其曖昧不明之處，但是若想確立「性其情」的架構，就必得下這麼
一步。和皇侃的疏文相比，孔《疏》的疏文是確立了另一個方向，王弼性情
說隱涵的兩種可能，隱然呈顯。

　　以「性其情」注《易》及《論語》，本身可以說即是一種玄儒交涉下的產
物，甚至可以說是魏晉玄學解經者在融合儒道的嘗試中，意外迸出的火化。
它對後世的影響除了表現在性情統一論架構方面，其中對於人性論方面的創

弼《周易注》「不性其情，焉能久行其正」一語以闡發性為情本的性情統一架
構，然皆未做進一步之討論。對「性其情」說作更深層之發揮者，要到宋代
程頤在其〈顏子所好何學論〉中，乃再度襲用「性其情」一詞及部分概念，
其後更為理學所繼承，成為理學性情論中極重要之觀點。然二人之說，一屬
玄學，一屬理學，雖皆襲用「性其情」一詞，其中所蘊含之意義實已有所不
同。相關討論與比較參見拙著：〈從王弼「性其情」說到程頤「性其情」說〉
（同註7）。

〔註17〕 《周易正義》（臺北：藝文印書館，1987年8月初版第十三刷，影印嘉慶二十
年江西南昌府學本《十三經注疏》），頁16。本文所引《十三經注疏》皆依據
此版本，不再另行註明。

〔註18〕 林麗真師文中曾言及「『性其情』一詞，其後乃為程頤《易傳》所襲用」（同
註7，頁599），但程頤《易傳》對《周易‧乾卦文言傳》「利貞者，性情也」
一句並未沿用王弼「性其情」義，恐是林師一時失檢。程頤《易程傳》注曰：
「乾之性情也，既始而亨，非利其能不息乎」，朱子《易本義》注曰：「收斂
歸藏，乃見性情之實」，是以「利貞」為乾「性情之實」，與王弼注「不性其
情，何能久行其正。……利而正者，必性情也」有所差異。詳見程頤：〈周易
程氏傳卷第一〉，《二程集》（臺北：漢京文化事業，1983年），頁704；朱熹：
《周易本義》（臺北：大安出版社，1989年），頁37。

新意見，在中國人性論流變史中，亦有不容忽視的意義。從一方面來說，「性其情」說中「性無善惡」（不具道德法則）的意涵，幾乎可以說是魏晉人性論的主調；然而其中隱然存有的「超善惡」意涵，卻爲魏晉「無善無惡」人性論者所忽略了。在皇侃《論語義疏》中就可以看到這個現象，「性無善惡」在王弼思想體系中可說是兼有「性超善惡」與「性不具善惡」的意涵的，但在皇侃《義疏》中我們看到卻僅偏向「性不具善惡」這個涵義，對性的理解又轉回了告、荀式本能材質之性。

　　然而從另一個方面來說，王弼「性其情」說中所隱含的性之超越意涵，也並不是完全失傳，還是有學者注意到了這個層面。唐初孔穎達等人所編的《五經正義》就是一個例子，以下發展到了唐代後期的韓愈，雖然其性三品的架構還是延續著魏晉以下有濃薄的氣性，但是已明白提出「仁禮信義智」爲「性」的內容了。這一脈最終流衍爲儒家式「至善道德」人性論，和宋明理學心性論接軌，成爲儒學復興的前序。〔註19〕

第三節　解經思想中的氣性意涵

　　然若果如上文所討論的，從魏晉到隋唐，思想界對人「性」的思考，已漸展露出一種形上本體意涵的理解，那麼有必要進一步探詢的是：在皇侃與邢昺《疏》文中所呈現的強烈的氣性論特色，又該如何來加以理解？究竟「有濃薄」之氣性在玄儒交融的思想發展中，蘊含的是一種怎麼樣之含意？是否必然僅能具有程朱理氣二分架構下的形下材質之意？蓋自宋代理學將「性」之意涵劃分爲「義理之性」與「氣質之性」以降，兩漢與魏晉具有鮮明「以氣論性」標誌之濃薄清濁殊異「氣性」，即同被劃歸爲僅停留在形下材質之意涵。然正如前文所討論過的，僅僅被定義爲程朱脈絡下自然氣稟的「氣質之性」，是無法完整詮釋「性其情」說下的性體情用架構的。這不禁讓人懷疑，從漢魏之際儒者開始引進道家人性觀點以降，對於「有濃薄」之氣性意涵，是否已有所發展？甚至可以進一步探詢的是：在程朱確立理氣二分架構之

〔註19〕關於「性無善惡」的問題，南宋初年的胡宏及明代王守仁以降王畿等人，亦主「性無善惡」。其說固然與王弼道家玄學式的「性無善惡」有所不同，然而其主「善惡不足以言性」，及以「無善惡」之性爲「至善」，相對來講，卻是遠告子而近王弼與道家的。此亦可見所謂「性無善惡」的觀點，在中國人性論思潮中，仍是持續有所發展的。

前，理氣之區隔是否已如此隔絕？在道家與玄學終極理想境界中，是否可能存在著一種結合「道」、「氣」的個體究極自然本體觀念？為回答以上種種問題，對皇侃與邢昺解經思想中的氣性觀點，有必要作更詳細之梳理。

一、五常氣性

以「性」為稟天地自然之氣的看法，在《論語・公冶長第五》「夫子之言性與天道，不可得而聞也」章疏文中表達得更為明確，何晏《集解》此章注曰：「性者，人之所受以生也；天道者，元亨日新之道，深微故不可得而聞也。」以「性」為「人之所受以生也」解之，首先又是回歸「性」字的原始意涵，然其於「生」之外，復點出其為「人之所受」，則是進一步將性與天命之連結含括其中，可說在此短短一語，已涵蓋秦漢以下論性之通說。皇侃《義疏》接續此一脈絡，於此章注曰：

> 性，孔子所稟以生者也；天道，謂元亨日新之道也。……夫子之性與天地元亨之道合其德致，此處深遠，非凡人所知，故其言不可得聞也。稟天地之氣以生曰性。性，生也。（《論語義疏・公冶長第五》）

「性，生也」，這和「性近習遠」章中的「一家舊釋」注語相同，乃是回歸「性」字的自然生命意涵，但皇侃為其加入「稟天地之氣以生曰性」之疏解，那麼這個「生之謂性」的「性」就和宇宙天地氣化相連結，進而凸顯出人在宇宙天地間所扮演之角色。

其實，《論語》中雖未針對「性與天道」多作闡發，但一方面，孔子思想中已蘊含天賦我以德命之「天人相與」信念；二方面在此章子貢之嘆中，「性」與「天道」被同時並舉，已召示「性」與「天命」概念連結之可能，是以後之《易》、《庸》一方面延續孔子所開啟的此一面相，二方面吸納道家思想中自宇宙本體思考人生境界之發展，為儒學主體價值開展出一嶄新的天人合一境界，遂影響其後對性命連結之相關思考。皇《疏》此言「夫子之性與天地元亨之道合其德致」，顯受《易傳》影響，是以「性，生也」雖為先秦以來對於「性」之原始意涵之共識，然其中卻已隱含一新的天人思考方向。皇侃此處，即延續此一脈絡，然其所言畢竟簡約，同時完全擺落了《易》、《庸》中德性本體連結之層面。「天人合德」所言之「德」並非人之道德本體，而是代之以一玄虛難以捉摸之天道玄德，對於人性中是否存有道德本源並未多所著墨，相對於此，邢昺《正義》

雖亦同主一稟氣相連之氣化性命，其所強調者卻已有所不同：

> 天之所命，人所受以生，是性也。……云「性者，人之所受以生也」
> 者，《中庸》云：「天命之謂性」，《注》云：「天命，謂天所命生人者
> 也，是謂性命。木神則仁，金神則義，火神則禮，水神則信，土神
> 則知。《孝經說》曰：『性者，生〔註20〕之質命，人所稟受度也。』」
> 言人感自然而生，有賢愚吉凶，或仁或義，若天之付命遣使之然，
> 其實自然天性，故云：「性者，人之所受以生也」。（《論語注疏・公
> 冶長第五》）

「天之所命，人所受以生，是性也。」這是《中庸》性命相即觀念之延續，
故其後接續以《中庸》之語注解《集解》「性者，人之所受以生也」，其下復
接續援引鄭玄《禮記・中庸注》以五行比配五德，並言「天所命生人者也，
是謂性命」。案：從文獻的觀點說，「性命」連詞，約起於戰國中期，《易・乾
卦・象傳》有「乾道變化，各正性命」之語，此亦《易》、《庸》性命觀合流
之一端。皇侃與邢昺疏文中對於性命之詮解，在很大的程度上都受到《易》、
《庸》的影響，這可以看到在理學之前，《易》、《庸》中天人合一說已是如何
持續地影響著思想家們關於天人性命之思考。相較於皇《疏》，邢《疏》性命
合一的觀念顯然更為明確，這或許和邢《疏》對於以德性貫通性命之意念，
較之皇《疏》更為強烈有關，雖然這個貫通的媒介，乃是一五行氣性。以五
行解釋五性乃是漢儒通說，自董仲舒以至王充，都能看到此種以「五氣」、「五
行」比附「五德」、「五常」、「五性」的說法。

到了《白虎通》，乃以道德五常規定性的內涵，提出「五常之性」，在其
〈性情〉篇中即記載了此一看法：

> 五常者，何謂？仁、義、禮、智、信也。仁者，不忍也，施生愛人
> 也。義者，宜也，斷決得中也。禮者，履也，履道成文也。智者，
> 知也，獨見前聞，不惑於事，見微知著也。信者，誠也，專一不移
> 也。故人生而應八卦之體，得五氣以為常，仁、義、禮、智、信是
> 也。〔註21〕

〔註20〕「生」原作「天」，按阮校：「《禮記・中庸》注『天』作『生』，此誤。」據
　　　　改。
〔註21〕漢・班固撰、清・陳立疏證、吳則虞點校：《白虎通疏證》（北京，中華書局，

五常之德是儒學倫理中的重要看法，要溯源其發端，亦經過了相當之發展，思孟學派的五行之說，是我們所能追溯到的較早說法，但其具體德目亦與後世「仁義禮智信」五德有別。進入漢代，隨著陰陽五行說與儒學倫理思想的結合，以五行之氣比配五常之德，成爲當時儒者普遍接受的看法，這其中所隱含的，已具有一種爲倫理德目尋求宇宙與天道支持來源的意圖。此一看法在皇侃《義疏》中亦有所延續，《論語・爲政第二》「子張問十世可知也」章，皇侃即是引用此一「五行－五常」說以疏解《集解》馬融所注「所因，謂三綱五常」：

> 五常謂仁、義、禮、智、信也。就五行而論，則木爲仁，火爲禮，金爲義，水爲信，土爲智。人稟此五常而生，則備有仁、義、禮、智、信之性也。人有博愛之德謂之仁，有嚴斷之德爲義，有明辨尊卑敬讓之德爲禮，有言不虛妄之德爲信，有照了之德爲智。此五者是人性之恒，不可暫舍，故謂五常也。雖復時移世易，事歷今古，而三綱五常之道，不可變革，故世々相因〔註22〕，百代仍襲也。（《論語義疏・爲政第二》「子張問十世可知也」章）

在邢昺《正義》中，亦延續此一五常氣性說：

> 人皆懷五常之性，有親愛之心，是以綱紀爲化，若羅網有紀綱之而百目張也。……云五常者，仁義禮智信也。《白虎通》云：「五常者何？謂仁、義、禮、智、信也。仁者不忍，好生愛人。義者，宜也，斷決得中也。禮者，履也，履道成文。智者，知也，或於事，見微知著。信者誠也，專一不移。故人生而應八卦之體，得五氣以爲常，仁、義、禮、智、信是也。」（《論語注疏・爲政第二》，頁19）

邢昺《正義》在這裡所採取的，是直接引用《白虎通》之說，略微比對之後會發現，同樣是援用漢代的五常氣性觀，皇侃對五德德性之內涵，已悄悄做過置換，其以「博愛之德」爲「仁」，以「嚴斷之德」爲「義」，以「言不虛妄」爲「信」，已打破漢代僵化的封建綱常與儒學本位思考，轉爲放諸天下不同教理皆可接受之德則；至若以「照了之德」爲智，則更是明顯混有玄佛之意，充滿三教交會的時代色彩。相對於此，邢昺《正義》全本《白虎通》之

1997年10月），頁382。
〔註22〕「世々」兩字據懷德堂本《論語義疏》。

說，不但仍以聲訓正名爲詮釋起點，對於具體德目內涵，亦守漢代儒經本色之舊說，故其《疏》曰：「仁者不忍，好生愛人。義者，宜也，斷決得中也。禮者，履也，履道成文。智者，知也，或於事，見微知著。信者誠也，專一不移。」這一方面是邢昺承襲《五經正義》以來力求溯源秦漢儒經原典之疏體特色之又一表現，二方面亦可見邢昺《正義》在擺落皇侃《義疏》所匯入之玄佛意旨時，確有其別具用心之別裁。更重要的是，這爲我們透露出，邢昺《疏》對於回歸儒學主體價值，已有相當之自覺，故其在本章疏文首曰：「人皆懷五常之性，有親愛之心，是以綱紀爲化，若羅網有紀綱之而百目張也。」這是點出三綱五常本於人心人性的儒學本意，此亦可見此一由漢儒打下基礎之儒學綱常德目，在歷經長時期之時代動亂後，重新再受到重視，並爲其注入人心之本性眞情以爲根源之發展。

　　復就皇侃與邢昺援引五常氣性說的疏文加以比較，實則兩者所重並非全然相同。按皇侃雖然接受了漢儒以「五行之氣」論「五常之性」的通說，並肯定五常之氣爲人之稟氣所必有，但值得注意的是，那是在解釋五常之德的根源時才加以提出的，當單獨論述「性」之生義時，皇侃就並沒有言及這個從道德內涵出發的「五氣」意涵了。所以在「性與天道」章，只看到他說：「稟天地之氣以生曰性。性，生也。」天地之氣是駁雜的，是有濃薄清濁之異的，也就是這個稟氣決定了人的賢愚才智，這是皇侃以氣論性說的重點。而當論及「性」與「天道」之連結，皇侃並未如《易》、《庸》與邢《疏》般自人之天賦德性層面去予以論述，對於人性之定義，也未就其天賦道德層面去予以強調，反而更多是就其自然本質與稟氣濃薄有異之面相去探討。皇侃對於五性說之繼承，僅表現在論述五常之教與自然天地氣化之連結上，並且同樣的五常之德，在皇侃疏文中也遭到了置換，成爲具有濃厚佛老思想意味的玄德玄智。

　　相對於此，邢昺援引《中庸》注，再次明確指出人性的內容即是儒家所講的五種倫理道德，並將此一德性作爲天人性命連結之關鍵。這是唐末儒學復興思潮萌發以來，重新被重視的觀念，在韓愈〈原性〉中，同樣可以看到對此種五性觀的強調。換句話說，同樣承繼漢代以來的氣性觀點，同樣接受五行之氣賦予人生之五德，皇侃《義疏》與邢昺《正義》所重卻並非完全相同。在皇侃來說，五性說之意義主要在賦予倫理綱常以天賦正當性，但在論及人性意涵時，是以稟氣之清濁濃薄來肯定眾生間之殊異面相爲主要關注點的；而對邢昺《正義》來說，五性說正是人與天命連結之關鍵，這是回歸《易》、《庸》以來德性

天命觀之延續，亦是道德性理回流爲人性基本內涵之前兆。此一趨勢在兩《疏》論及人之氣性的「同」、「異」層面時，益發展現出此一特色。

二、氣性之「偏」與「全」

氣性論之發展，與中國思想界對於人性本質之共通性與殊異性之思考流變，有相當之關聯。先秦儒者論「性」，多就人性之共通處立論，故孔子曰「性近習遠」，孟子道「性善」，荀子言「性惡」，所論雖有歧異，但究其內涵，所著眼切入點卻皆是自聖人以迄凡夫皆「生而有之」之共通天賦本性。以此人皆有之之「能感」／「能行」／「能知」之「心」爲源頭，推擴而行，以成就維繫社會群體和諧與個體安頓之倫理規範。反溯而言，在孔孟思想中，此一道德禮義，所源實非外力強塑，乃是肇端於眾人皆本有之眞情本性中，而其德行之完成，亦爲人皆可能／可行之天賦秉彝。故孔子論「仁」，曰：「爲仁由己，而由人乎哉？」（《論語・陽貨》）曰：「我欲仁，斯仁至矣。」（《論語・顏淵》）此一發源於道德情感之內在需要，內在於人，發而爲禮，是人人皆內有而不可缺少之內在需要。故曰：「當仁不讓於師。」（《論語・衛靈公》）曰：「志士仁人，無求生以害仁，有殺身以成仁。」（同上）

進入漢代，自董仲舒開始，提出區分「聖人」、「中民」、「斗筲」爲三等性品之主張，然其立論重點乃在確立「聖王」制禮與「中民」從教之政治社會架構，爲漢初政治體制之完成與政治現實需求建構一穩固之理論基礎與思想支柱，故其所論，重在闡述「中民」服從教化以成善之必要性與先天必然性，故中民稟氣天賦之性分雖或有參差歧異之可能，然其同具待教成善之善端則爲其同。換句話說，在承認殊異性之可能時，董子所重仍在其「共通性」之一面。故其言「仁貪之氣，兩在於身。」言「天生民性，有善質而未能善。」言「今萬民之性，待外教然後能善。」（《春秋繁露・深察名號》）諸說。皆自中民所共有／共通之「性」立言，依此而言，董子所論與孟荀所論仍有其貫通性，即是皆就「性」之共通性中所可達致德性完成之共相層面切入，是以董子雖將「氣性」概念引入人性論討論中，然在此一自「共通普遍」處言「性」之層面上，董子與孟荀間仍有其延續性〔註23〕，其所以然者，亦有其由。蓋

〔註23〕　然董子之人性論主張，與孔、孟、荀相承之先秦儒學人性主張間，亦有一絕
　　　　　大差異。蓋在董子兼融「性三品」與「善惡混」之人性論主張下，一方面是
　　　　　延續了荀子強調禮義規範在教化引導生民上之重要性，另一方面則透過將「聖

自孔、孟、荀以降以至董子，儒學中心課題主在如何使道德倫常在社會群體中普遍而和諧地完成與實踐上。是以孔、孟皆自禮儀發端自眾人之本心真情中著力闡論；荀、董則轉就禮義教化對廣大群體和諧共存上所肩負之必然性、必要性之使命層面切入。然不論如何，眾儒者所關心的，仍是如何使禮義倫理「普遍地」、「和諧地」，甚而「均一地」實現於芸芸眾生個體上，依此而言，其著力自「性」之「普遍均一」處立言，本不足為奇。然此一趨勢，自漢末以降，開始產生微妙的變化，如何處理眾生性品中「殊異」層面問題，逐漸進而成為中國人性論者所關注之中心議題。

從秦漢之際學者開始將陰陽二氣觀念引入性情學說，發展出「性受於天」、「稟天之氣」以成萬物「自然之性」的人性論觀點，即已為儒道人性論之發展與融合，開啓一新契機。蓋既以氣論性，而氣本身即具有清濁、多寡紛雜之異質性與偶然性，以此言「性」，等於為其後個體才質殊異討論種下因子。此一潛流，隨著漢末以降個體人格自覺風潮的興起，並結合道家思想中對個體殊別性相關討論之啓發，進一步在「氣性」論內涵上有所發展。

漢末魏晉以降論者所面對的，不再僅是綜論「共通質性」之「善惡」問題，而是必須同時解決人「性」中「同」與「異」之雙向層面，如何使此二層面皆能得到相當的滿足與尊重？如何在兼顧人之群性要求與個體殊別自主間使社會群體持續發展？政治社會之和諧運作有待於一「共通皆一」之禮制規範來作某種程度之輔助諧調，然而此一需求「共通皆一」為準則之禮義倫

人」之天生質性與「斗筲」、「中民」作區別的過程中，解決荀子思想架構中聖人何以能突出眾生、為世立法之理論缺口。然而如此一來，待教之「中民」與成教之「聖王」間相連之通道也就被割斷了。按荀子所論，性者人人相同，不分聖愚，故人皆具成聖之可能，塗之人能否為堯舜，掌握在自身的人為努力中。孟、荀性說持論雖異，但都同樣同意通過個人的努力能實現理想人格之最高境界，衍至董子，廣大中民完成「人道之善」的依據是必須服從王教之化以發展「性之善端」。（「無其質，則王教不能化；無其王教，則質樸不能善。」《春秋繁露·實性》）於此可見，董子對後世儒學發展所遺留之深遠影響。董子人性論中所言及的幾個重點：人性三等，中人之性有善有惡，聖凡賢愚生而殊異……對其後數百年之人性論發展影響甚鉅，甚而可說一舉拉開了儒學中聖王與凡塵眾生之天賦差異。自此以降數百年，如何「學以成聖」不再是儒學思想之中心課題，如何安頓圓足廣大「中人」紛雜殊異之氣稟質性以達到社會群體之共同和諧狀態，轉而為以後學者所企待解決的。此一趨向，延至宋代新儒學思想大昌才得以有所轉變。此亦不得不與漢代以降政治社會現實需求與集權政體之完成相連結。

常制度，如何使其不壓迫個體充滿生機之多元才性？換而言之，「性」之「同」（人之社會群性要求，禮制規範所由生）與「異」（個體才性表現，殊異之分限所在），衍而言之，即是自然與名教，天人之際如何協調並同得之課題。與此相映的，是此時蓬勃發展的人物品評與才性討論，當個體殊別性之主體意識覺醒，藝術文化之多元表現也就如百花齊放般恣意勃發。

實則在東漢王充的人性論中，已將人性之善惡與才之高下相比擬〔註24〕，衍至魏晉，「才性」問題全面進入人性論討論中。我們在皇侃《義疏》中所看到的，正是這種兼含人性之「同」／「異」層面所作的全新「性」之定義。具體表現，即是一方面以稟氣濃薄清濁肯定人性之殊異層面，一方面以「無善無惡」作為眾生所稟清濁殊異之「氣性」的共同內容，此實為一道家式以包容「殊性」為起點之性論變形。

正是出於這種「氣性」觀念，對於聖人與賢人以下性品之差異，皇侃以一「偏」、「全」概念釋之：

> 欒肇曰：「聖人體備，賢者或偏，以偏師備，學不能同也，故準其所資而立業焉，猶《易》云：仁者見其仁，智者見其智。寬則得眾而過濫，偏則寡合而身孤。明各出二子之偏性，亦未能兼弘夫子度也。」（《論語義疏・子張第十九》「子夏之門人問交於子張」章）

> 然此以下六事以謂中人也。……江熙云：「……自非聖人，必有所偏，偏才雖美，必有所弊，學者假教以節其性，觀教知變，則見所遇也。」〔註25〕（《論語義疏・陽貨第十七》「六言六弊」章）

人皆稟氣以生，然自賦予眾人，落為形體之時，即有清濁濃薄之異，故天所賦之氣性雖備於每一個體之中，然非聖人，則難以「圓足」：

> 管仲中人，寧得圓足，是故雖有仁功，猶不免此失也。（《論語義疏・八佾第三》「子曰管仲之器小哉」章）

〔註24〕漢・王充《論衡・本性》：「實者，人性有善有惡，猶人才有高有下也，高不可下，下不可高。謂性無善惡，是謂人才無高下也。……人稟天地之性，懷五常之氣，或仁或義，性術乖也；動作趨翔，或重或輕，性識詭也。……余固以孟軻言人性善者，中人以上者也；孫卿言人性惡者，中人以下者也；揚雄言人性善惡混者，中人也。」《論衡校釋》（北京：中華書局，1996 年 11 月），頁 142。

〔註25〕此章文字，知不足齋本與懷德堂本略有差異，此據懷德堂本。

此明人生處世，則宜更相進益，雖三人同行，必推勝而引劣，故必有師也。有勝者則諮受自益，故云「擇善而從之」也；有劣者則以善引之，故云「其不善者而改之」。然善與不善，即就一人上爲語也，人不圓足，故取善改惡，亦更相師改之義也。（《論語義疏・述而第七》「三人行必有我師焉」章）

此謂賢人已下不仁之君子也，未能圓足，時有不仁，如管氏有三歸官事不攝，後則一匡天下九霸諸侯，是長也。袁氏云：「此君子無定名也，利仁慕爲仁者，不能盡體仁，時有不仁一迹也。」……又袁氏曰：「小人性不及仁道，故不能及仁事者也。」（注：孔安國曰：雖曰君子，猶未能備也。）王弼云：「假君子以甚小人之辭，君子無不仁也。」（《論語義疏・憲問第十四》「君子而不仁者有矣夫，未有小人而仁者」章）

對於此一聖人乃能達至之本性圓足境界，皇侃《義疏》中又或以「體足」稱之：

又一通云：「巧言令色之人，非都無仁，政是性不能全，故云少也。」故張憑云：「仁者，人之性也，性有厚薄，故體足者難耳。巧言令色之人，於仁性爲少，非都無其分也。」（《論語義疏・學而第一》「巧言令色鮮矣仁」章）

江熙曰：「君子未能體足也，學以廣其思，思廣而道成也。（《論語義疏・子張第十九》「百工居肆以成其事，君子學以致其道」章）

所謂「體足」之境界，非唯爲一種內在之修養，具體而言，實表現於天生性體所稟之氣性完足上。換句話說，所謂理想之聖人，是在其稟氣之初，即已因其氣性所稟之完足，故能有兼才兼性之德，是以乃能不受一偏之蔽。皇侃雖亦肯定偏才之性各有其美，但偏才畢竟非皇侃所認可的人性最高境界。此種「偏」、「全」氣性之論，已非一種將焦點放在人之德性善惡兩分或交雜的爭論，而是出於一種從審美鑑賞角度出發，一方面以「偏才」肯定個體充滿殊異之才性氣質表現，一方面將最高之典範定義在含藏包容各方殊異的「體足」聖人身上。聖凡之別，在所稟「偏」、「全」之氣性，「偏才」之人有其特殊才性表現，然終亦有其侷限，唯聖人體足故能超越世俗之蔽，瞭解偏才之短長而善爲之引導，不學而教化眾生。

此一觀點，可說是延續劉劭（182～245）《人物志》中已發其端的才性觀點而來。劉劭在《人物志・九徵第一》中提出：「凡有血氣者，莫不含元一以為質，稟陰陽而立性，體五行而著形。」〔註26〕謂「含元一以為質」，這是道家的人性純一說，「稟陰陽」、「體五行」是漢儒的陰陽五行氣性論，劉劭將其納入同一人性論體系中，本身即已表現出強烈的綜合儒道傾向。在《人物志》的人性架構中，最高的「德」為「中和之德」、「兼德」或「純粹之德」，它是「元一」、「道」的全體表現，全體表現這一「純粹之德」、「中庸之德」或「兼德」之人，則為「聖人」。「聖人」是最完美、最理想的人格典型；「凡人」僅得「道」之一「偏」，則為「偏至之材，以材自名」。這樣的理論架構有兩層意義，一則強調辨別個人才性而詳其所宜，一則強調致太平必賴聖人。這兩個層面在皇《疏》中都得到延續，我們在下面的討論中還會看到。

第四節　性品有等

綜觀皇侃《論語義疏》與邢昺《論語正義》，另一共同趨向，乃是一人生性定有品等級別之異的「性分」／「性品」觀。在此性品架構下，人之品識，粗分為三品，細分則為九品，此為《義疏》與《正義》所共同承襲之人性論架構。

此一性三品／九品觀，亦前有所承〔註27〕，自西漢董仲舒，提出「聖人」、「中民」、「斗筲」三等之說，可視為性三品論的先驅〔註28〕。到東漢王充，更進一步明確提出性三品說之主張。漢末魏晉之際，結合當時品評人物與選拔官吏之政治社會需要，進一步細分為九品性等之說。自此以降，延及六朝

〔註26〕晉・劉劭／撰、陳喬楚／註譯：《人物志今註今譯》（臺北：臺灣商務印書館，1996年12月），頁13。

〔註27〕推得更早一點，在《孟子・告子上》中我們已可看到「性可善可惡」、「有性善有性不善」等性論主張，顯然對於此生而有之質「性」，早有論者自眾生間之「殊異性等」進行思考。此外王充《論衡・本性》篇中亦有相關記載：「周人世碩，以為『人性有善有惡，舉人之善性，養而致之則善長；惡性，養而致之則惡長』。……故世子作〈養性書〉一篇。宓子賤、漆雕開、公孫尼子之後，亦論情性，世子相出入，皆言性有善有惡。」（同註24，頁133）。

〔註28〕董仲舒雖已提出區分「聖人」、「中民」、「斗筲」為三等之主張，然就其自身定義，僅以「中人」可上可下、待教以成善之善惡混「性品」為言性表準，亦唯以中民「待教而可成善」之中等性品名之為「性」。故雖已具備性三品說之雛形，似尚不宜據以「性三品說」稱之。

以至唐宋。在宋儒明確提出「氣質之性」與「天地之性」／「義理之性」以區分人之「氣性材質」與「本體性理」差異之前，思想界對於人性之思考，幾皆籠罩於此一性三品／九品論之下，顯見其說影響之深遠。

實則《義疏》與《正義》同採性三品說，與性三品說影響如此長久之因由，除時代思潮使然外，另一不可忽視之關鍵，乃在於此一性分有等之人性觀點，其憑仗之依據，乃出於《論語》中所載孔子之言：

> 《論語・雍也》：子曰：「中人以上所以語上也，中人以下不可以語上也。」

> 《論語・陽貨》：子曰：「唯上智與下愚不移。」

《論語》所載既爲孔子之言，即具備了最高之思想權威性。此二段引文，自漢初被依照性三品說觀點詮釋後，遂成爲主張性三品說者之堅實依據，故自漢代賈誼、董仲舒、王充以降，乃至唐宋間韓愈、王安石……等諸性說論者，不論其所主張者是否純然爲性三品說，然其共同之依據，皆是以此說做爲樹立自身性說正確性之堅實佐證，並據此駁斥、批評其他諸人性論者觀點之非。延至理學，當其欲提出異於前代之性說定義，首先必須面對者，亦爲如何重新詮解《論語》此二章中所言「性」之意涵，而其突破之關鍵，即在「氣質之性」的提出〔註29〕。故朱子以張、程「氣質之說」，「極有功於聖門，有補於後學。」〔註30〕蓋此一詮釋角度自張載〔註31〕、二程〔註32〕提出，朱子《集

〔註29〕 「氣質之性」一詞，在宋代儒學者中，由張載所首先提出，後經程朱大加提倡，遂成爲理學中的核心概念，其與道教「道性」說，彼此間亦可能有所淵源與影響。見李申：〈氣質之性源於道教說〉，《道家文化研究》第五輯（上海：上海古籍出版社，1994 年 11 月），頁 271～281；陳澍：〈從司馬承禎、王玄覽看唐代道教對宋明理學的影響〉，《中國道教》第 2 期（1996 年）；常裕：〈張載心性論對張伯端內丹學說的影響〉，《山西大學學報（哲學社會科學版）》第 3 期（1999 年）；林永勝：《氣質之性研究》（國立清華大學中國文學研究所碩士論文，楊儒賓指導，2001 年）。

〔註30〕 宋・黎靖德／編、王星賢／校點：《朱子語類》（北京：中華書局，1994 年 3 月），卷四，頁 70。

〔註31〕 張載《正蒙・誠明篇》：「形而後有氣質之性。善反之，則天地之性存焉。故氣質之性，君子有弗性者焉。」《張載集》（北京：中華書局，1978 年），頁 23。此外張載還提出「變化氣質」之說，《經學理窟》〈氣質〉篇中即多次言及「變化氣質」的問題。

〔註32〕 二程對「氣質之性」說頗有發揮，使其成爲理學中的重要概念。程顥曰：「論性不論氣，不備；論氣不論性，不明，（一本此下云）二之則不是。」（此言

注》確立以降〔註33〕，乃轉而成爲思想界理解《論語》中此二章節意涵之權威答案，此亦可見經典詮釋在思想建構上所扮演之關鍵角色。是故皇侃《論語義疏》與邢昺《論語正義》對於此二章節之詮釋角度與內涵定義，也就益發具有其獨特意義，益發吸引我們的關注。

首先來看皇《疏》關於此一主題之論述：在《論語·雍也第六》「中人以上可以語上也，中人以下不可以語上也」章，皇《疏》云：

> 此謂爲教化法也。師說云：「就人之品識，大判有三：謂上、中、下也。細而分之，則有九也：有上上、上中、上下也；又有中上、中中、中下也；又有下上、下中、下下也，凡有九品。上上則是聖人，聖人不須教也；下下則是愚人，愚人不移，亦不須教也。而可教也，謂上中以下，下中以上，凡七品之人也。」……今但應云：「中人以上可以語上，以下不可語上」，而復云「中人以下」，是再舉中人也。所以爾者，明中人之大分有可上可下也，若中人之上可以語上，中人之下不可語上，故再言中人也。又一云：中人若遇善師則可上，若遇惡人則可下，故再舉中人，明可上可下也。（《論語義疏·雍也第六》）

「師說」指的應是皇侃的老師賀瑒，據載皇侃曾師事於賀瑒以通《三禮》、《孝經》、《論語》等經〔註34〕，在孔穎達等所編修的《禮記正義》中，記載了賀

屢爲朱子所引述，並作「明道云」，故知應出於程顥所言。）《河南程氏遺書卷第六·二先生語六》，《二程集》（臺北：漢京出版社，1983年），頁81。程頤更引「氣質之性」以詮解《論語》中「性近習遠」章所言之「性」：「『性相近也，習相遠也』，性一也，何以言相近？」曰：『此只是言氣質之性，如俗言性急性緩之類。性安有緩急？此言性者，生之謂也。』」又曰：「『性相近』也，此言所稟之性，不是言性之本。孟子所言，便正言性之本。」《河南程氏遺書卷十八·伊川先生語四》，《二程集》，頁207、頁252。

〔註33〕 朱子《論語集注》在〈陽貨〉「性相近」章條下注曰：「此所謂性，兼氣質而言者也。氣質之性，固有美惡之不同矣。然以其初而言，則皆不甚相遠也。但習於善則善，習於惡則惡，於是始相遠耳。程子曰：『此言氣質之性，非言性之本也。若言其本，則性即是理，理無不善，孟子之言性善是也。何相近之有哉？』」（此條程子之說不見於今本《二程集》，唯相近之意見於今本〈伊川先生語〉者極多，見上註所引）《四書章句集注》（臺北：大安出版社，1996年），頁246。

〔註34〕 唐姚思廉《梁書》卷四十八皇侃本傳：「少好學，師事賀瑒，精力專門，盡通其業。尤明《三禮》、《孝經》、《論語》。」賀瑒著《禮記新義疏》，皇侃師之。

瑒關於性情的觀點，與皇侃《論語義疏》中的人性論頗多可相通之意：

> 賀瑒云：性之與情，猶波之與水。靜時是水，動則是波；靜時是性，動則是情。案《左傳》說：「天有六氣，降生五行。」至於含生之類，皆感五行生矣。唯人獨稟秀氣。故〈禮運〉云：「人者五行之秀氣，被色而生。」既有五常仁義禮智信，因五常而有六情。則性之與情，似金與鐶印，鐶印之用非金，亦因金而有鐶印，情之所用非性，亦因性而有情。則性者靜，情者動，故〈樂記〉云：「人生而靜，天之性也，感於物而動，性之欲也。」故〈詩序〉曰：「情動於中」是也。但感五行在人為五常，得其清氣備者，則為聖人；得其濁氣簡者，則為愚人。降聖以下，愚人以上，所秉或多或少，不可言一，故分為九等。孔子云：「惟上智與下愚不移」，兩者之外，逐物移矣。故《論語》云：「性相近也，習相遠也。」亦據中人七等也。〔註35〕

細分為九品，展現出此一時期對人性品識才份殊異性質討論之細密，故與此相映者，是皇《疏》中亦屢言及「人各有性」、「性各有能」、「人性各異」之語：

> （子曰：「可與共學，未可與適道」）道謂所學之道也。言凡人乃可與同處師門共學而已，既未得彼性，則未可便與為友，共適所志之道也。（注：適，之也。雖學或得異端未必能之道也）異端非正典也，<u>人各自有性</u>，彼或不能寧學正道，而唯能讀史子，故未可便與之共之於正道也。（「可與適道，未可與立」）立謂謀議之立事也，亦<u>人性各異</u>，或能學問而未必能建立世中正事者，故可與共適所學之道，而未便可與共立事也。（《論語義疏・子罕第九》「可與共學，未可與適道」章）

> 夫<u>人各有能，性各有尚</u>，鮮能舍其所長而為其所短，彼三子者之云，誠可各言其志矣。（《論語義疏・先進第十一》「吾與點也」章）

> 此明<u>人生性分，各有所能</u>。（《論語義疏・憲問第十四》「孟公綽為趙魏老則優」）

〔註35〕《禮記正義》卷十二〈中庸〉「天命之謂性」句下，《十三經注疏》第五冊，頁 879。

義，宜也；質，本也。人識性不同，各以其所宜爲本，雖各以所宜爲本，而行之皆須合禮也。(《論語義疏·衛靈公第十五》「君子義以爲質，禮以行之」章)

張憑云：「人性不同也，先習者或早懈，晚學者或後倦，當要功於歲終，不可以一限也。」(《論語義疏·子張第十九》「子夏之門人小子」章)

因各人性質才能之異，所以有不同性向之表現，與各有所屬的合宜之道，在皇《疏》中，可以看到這種充分肯定人之材質表現豐富性的描述，特別在闡釋時人與弟子行事才好之差異特點時，皇《疏》中猶喜用「性」之一詞予以詮解：如子路之「性」兼人〔註36〕、果決〔註37〕、果敢〔註38〕、剛強〔註39〕、篤信〔註40〕……；申棖之「性」多情慾，剛者之「性」無欲〔註41〕；微生高之「性」清直〔註42〕；閔子騫「性」中正〔註43〕、「性」少言語〔註44〕；子張「性」繁冗，子夏「性」疏濶〔註45〕；柴之愚、參之魯、師之辟〔註46〕；子貢「性」動不能信天任命、「性」好憶度是非〔註47〕；冉有之「性」謙退〔註48〕；孟公綽之「性」寡欲〔註49〕；史魚之「性」直〔註50〕……。凡此種種繁複之名目與形容，皇《疏》皆以一「性」稱之，可見當時對人之情性才分區分之細密與討論之詳盡，亦可見「性」之一詞在魏晉六朝人性論中，含括之

〔註36〕《論語義疏·爲政第二》「誨汝知之乎」章；《論語義疏·先進第十一》「聞斯行諸」章。

〔註37〕《論語義疏·公冶長第五》「子路有聞未之能行，唯恐有聞」章、「盍各言爾志」章。

〔註38〕《論語義疏·先進第十一》「聞斯行諸」章。

〔註39〕《論語義疏·先進第十一》「子路行行如也」章、「由之瑟，奚爲于之門」章、「由也喭」章。

〔註40〕《論語義疏·顏淵第十二》「片言可以折獄」章。

〔註41〕《論語義疏·公冶長第五》「棖也剛」章。

〔註42〕《論語義疏·公冶長第五》「微生高直」章。

〔註43〕《論語義疏·先進第十一》「閔子侍側，誾誾如也」章。

〔註44〕《論語義疏·先進第十一》「閔子騫曰：仍舊貫，如之何何必改作」章。

〔註45〕《論語義疏·先進第十一》「子貢問師與商也孰賢」章。

〔註46〕《論語義疏·先進第十一》「柴也愚，參也魯，師也辟」章。

〔註47〕《論語義疏·先進第十一》「賜不受命」章。

〔註48〕《論語義疏·先進第十一》「聞斯行諸」章、「吾與點也」章。

〔註49〕《論語義疏·憲問第十四》「孟公綽爲趙魏老則優」章。

〔註50〕《論語義疏·衛靈公第十五》「直哉史魚」章。

廣泛與運用之多樣。

　　皇《疏》中對於眾生個體才性之殊異雖展現如此強烈之覺察，甚而肯定其各自表現之空間與選擇。然此一層面，僅在於具體之性情偏好與才情樣態，當關涉到道德行為之「善惡」問題，此一性品說所更著意強調者，乃在於構成人世間最大多數的「中人」性等之善惡行為的可變化性上。不可移與不可及者，唯最上品的上智聖人與處於最末品的下愚之人；其間七品，不論處於一種怎麼樣的才知層級，其道德行為之表現，是更決定於外在環境與習染教化之影響上的，其所凸顯者，是學習與教育對導引最大多數眾生走向正確善行的重要性。故皇《疏》中所反覆強調的，乃是一「中人易染」的觀念：

> 此篇明凡人之性，易為染著，遇善則升，逢惡則墜，故居處宜慎，必擇仁者之里也。（《論語義疏・里仁第四》「篇旨」）

> 中人易染，遇善則善，遇惡則惡，若求居而不擇仁里而處之，則是無智之人，故云：「焉得智也。」（《論語義疏・里仁第四》「里仁為美」章）

> 此欲明君子德性與小人異也。……言君子小人若同居聖世，君子性本自善，小人服從教化，是君子小人竝不為惡。……若至無道之主，君子秉性無過，故不為惡，而小人無復忌憚，即隨世變改。……言大寒之後，松柏形小彫衰，而心性猶存，如君子之人，遭值積惡，外逼闇世，不得不遜迹隨時，是小彫矣，而性猶不變，如松柏也。（《論語義疏・子罕第九》「歲寒然後知松柏之後彫也」章）

> 賢人以下易染，故不許入也。若許入者是聖人，聖人不為世俗染黑，如至堅至白之物也。子路不欲往，孔子欲往，故具告也。（《論語義疏・陽貨第十七》「晞肸召，子欲往」章）

此處所言之「易染」，所言應「服從教化」，並非針對個體性情之偏好與材質之表現。對於這個部分，如之前的引文中所看過的，皇《疏》並不認為應該加以強制變化或扭轉，反而是給予相當大之肯定與開放空間的。故此處所言，乃在於道德行為的「善惡」問題上。在這個部分，皇《疏》認為，對於聖人以降之中人性品而言，其「性」中並未蘊含有足以抗衡外在環境影響之價值主體能動力，故道德行為之完成，不能僅透過個體自我之覺醒，而必須仰賴

外在學習與環境教化來加以輔助、匡正。這讓人不由得想起漢儒董仲舒強調以「中人」性品論「性」，並力主「待外教以成善」之說（《春秋繁露‧深察名號》）。這裡我們再次看到兩漢人性論觀點在魏晉時期所持續散發之影響。

但皇《疏》中的人性論觀點與兩漢儒者畢竟有別。首先，對於人性才情表現之豐富與多樣性方面之論述，在董子人性論中，幾乎付之闕如，相對於此，皇《疏》中洋洋灑灑的各種關於性向才情之描述與列舉，就顯得蔚為大觀。董子人性觀所關切之重點，在於確保廣大民眾能夠遵行聖王所制作的禮樂教化，實踐一個統一而有序之道德規範架構，以達成社會群體與帝國政治之和諧運作。此一觀點，從時代背景上來講，亦有其因由：蓋西漢儒者所處之時代，乃是漢代帝國政治體系亟待創建之時，社會價值主體與上下架構之確立，乃是此一時期儒者所迫切面對之課題。故在漢初儒者思想中所看到的，乃是一種由上而下，以俯視關懷大群體之整體利益為出發點之視角，換而言之，偏重在於實踐孔子為士子所立下之「外王」典範，以雖未能居王者位之身份，卻以古聖王理治天下之責為己任，以一種近於代居王者職、代為王者謀之氣魄去為漢制法。

相對於此，皇《疏》雖亦肯定廣大中民性品同需待教以成善之必要性，但在論及「性」之意涵時，顯然更多時候是自個體才情表現之殊異性與其豐富樣態切入思考。此一特色，正呼應了本文引言中所討論過的，由秦漢大群體意識轉向魏晉小個體自覺的時代思想理路脈絡。

其次，引起我們注意的是：皇《疏》在肯定教化對成善之重要性的同時，卻未如漢儒般賦予善行以人之共同的本質依據。漢代人性觀，雖然在很大的層面上比附、援引陰陽五行氣化說以論性，但性情之「善惡」，卻是貫串兩漢思想家所共同關切之主題。蓋性之善惡問題，所最直接關涉的，其實是道德行為的根源依據與德行規範之必要性等相關主題，而這正是以倫理規範之完成為目標的儒家哲學所最關切的。是以自先秦始，關於性之「善惡」與否，一直就是以儒家學者所做的討論最多，相對於此，以追求回歸自體本然狀態為理想的老莊學者，對於性之善惡問題，未表現出同等程度之熱衷，也就不難理解了。

綜而言之，皇《疏》中所展現出的，是一種既延續漢儒以外在禮樂教化來保證善行完成之傳統，而又同時含納進魏晉新興小群體自覺意識覺醒後對個體才性殊異表現之重視，成為一種帶有強烈混雜性的新性三／九品觀。但

此一人性論述，卻隱含一個易引發困惑之尾巴，此即在於：當我們細看皇《疏》中所有言及「性」之篇章，我們會感覺到，「性」之含義所含括之廣泛與複雜，也就是說，皇《疏》中以「性」論之的內容，不僅在於人的才情性向層面，對於道德倫理層面的問題，皇《疏》亦屢次以「性」言之，甚而將仁義之德亦歸之於天生性情稟賦之多寡濃薄。以仁義五常之德爲殊異氣性之一部份，卻又未肯定人性擁有共通之善質本源，其所造成的結果，乃是一種將道德倫理「才性化」的傾向。此一傾向，結合當時剝落「性」作爲共同善行本源之思考，卻在實質上掏空了道德名教賴以論證其合理性與必然性之依據，爲肯定道德行爲之普遍完成帶來危險。

這裡我們再一次感受到，魏晉人性觀所關切的，乃在於如何從肯定個體充滿「殊異」特質之自然情性出發，去含括名教存在的合理性。換句話說，是希望在不否定社會運作所需之基本制度儀則之前提下，儘量開拓個體才性所能舒展之空間，這對於個體自覺意識萌芽之魏晉南北朝，顯然是具有重要意義的。但此一架構，從實質理論內涵上來說，對於道德行爲之必然性論證，卻無法給予相對應之肯定，是以當時代思潮的主軸轉向如何樹立道德行爲之根源依據，六朝時期這種以玄道人性天道觀爲主體，去含括儒學綱常名教的人性觀點，就顯得破綻百出了。這也就是爲什麼，到了唐宋儒學思潮復興之際，關於人之性情本質的思考，會再一次受到思想家們的重視，並進一步得到特出之發展與創見。我們在邢昺《疏》中所看到的，正是這種發展的初始表現。

在邢昺《正義》中，同樣也有延續此一九等性品之論述。在《論語・雍也第六》「中人以上可以語上也，中人以下不可以語上也」章，邢昺《疏》文曰：

> 此章言授學之法，當稱其才識也。……上，謂上知之所知也。人之才識凡有九等：謂上上、上中、上下；中上、中中、中下；下上、下中、下下也。上上則聖人也，下下則愚人也，皆不可移也。其上中以下，下中以上，是可教之人也。中人，謂第五中之人也。以上，謂上中、上下、中上之人也。以其才識優長，故可以語告上知之所知也。中人以下，謂中下、下上、下中之人也，以其才識暗劣，故不可以告語上知之所知也。此應云：「中人以上可以語上，以下不可以語上」，而繁文兩舉中人者，以其中人可上、可下故也。言此中人，若才性稍優，則可以語上；才性稍劣，則不可以語上，是其可

上、可下也。（《論語注疏‧雍也第六》，頁54）

《正義》九品之說，幾皆沿承《義疏》之意，然可資注意者，卻在其明確提出「才性」、「才識」一詞以形容此處所言性品差異之「性」所指攝之意涵。蓋「才性」主題，本魏晉清談之一重要主題，當時尚有所謂才性四本之爭論〔註51〕，觀皇《疏》中所言諸弟子與時人之性向才品，實乃承續魏晉勃興之才性觀點以言「性」，然皇《疏》中「才性」一詞僅一見〔註52〕，邢《疏》除此章外，並有三見〔註53〕。出現次數的些微差距或許很難說具有什麼很大的意義。但比照邢昺對五常德性較為著重之表現，似乎邢昺對人性之道德性與才性層面之分疏較之皇侃清晰。不論如何，邢昺在接受性三品論的同時，加入以「才性」、「才識」註解此一性品歧異，這或許也給了其後的解經者對於如何跳脫人之才性與德性糾葛一個相當好的啟示。如果說皇侃《義疏》中論「性」所著重之要點在於論述人性之材質殊異層面，而將道德倫理之完成完全交付在外在習染教化上；那麼相對於此，邢昺《正義》中對於人性中的德性層面就來得著意多了，至少可以說，在承繼《易》、《庸》道德性命貫通之模式上，邢昺《正義》中所透露出的訊息，較之皇侃明確多了。

第五節　小結

綜觀皇侃《義疏》與邢昺《正義》中所展現出之人性論觀點，大體而言，仍然是以承襲為主，例如性靜情動的體用一如架構，例如稟氣性定的自然人性觀，例如性三品的架構……等。然而還是有幾點表現值得注意：首先是關於性命之倫理德性內涵的強調，邢昺顯然比皇侃顯明許多；其次是對於皇侃

〔註51〕《世說新語‧文學》篇：「鍾會撰《四本論》」條，劉孝標注曰：「四本者，言才性同，才性異，才性合，才性離也。傅嘏論同，李豐論異，鍾會論合，王廣論離。」才性論的相關討論見唐長孺：〈魏晉才性論的政治意義〉，《魏晉南北朝史論叢》（北京：三聯書局，1955年），頁298～310；陳寅恪：〈書世說新語文學類鍾會撰四本論始畢條後〉，《陳寅恪先生論文集》（臺北：九思出版社，1977年），頁1299～1305。

〔註52〕《論語義疏‧顏淵第十二》「片言可以折獄」章：「唯子路才性明辨。」

〔註53〕《論語注疏‧顏淵第十二》「片言可以折獄」章：「唯子路才性明辨。」《論語注疏‧憲問第十四》「孟公綽為趙魏老則優」章：「此章評魯大夫孟公綽之才性也。」《論語注疏‧先進第十一》「子貢問師與商也孰賢」章：「此章明子張、子夏才性優劣。」

疏文中太過強調與偏向玄理的部分，在邢昺疏文中都被大量的剔除了，顯然邢昺對於皇侃之疏文，仍然是經過相當之別擇的。

以唐末後期乃至宋初儒者的性情與性命觀點為例，性三品論、稟氣成性論……這些兩漢以降緩慢形成的人性觀點，仍然籠罩著整個思想界，成為大部分儒者的共識。然而這些唐末以降衍至邢昺疏文中大量關於性情、性命問題的討論亦有其不容忽視之處，特別在於，這些以判定前代人性論是非為起點的討論，似乎已昭示出一股潛藏的伏流，使人隱隱感覺到儒學思想界已默默醞釀出一種擺脫性三品說的願望與要求，這是在面對佛道心性論賦予人共同本質屬性的壓力下，試圖回應與扭轉頹勢的儒者所做出的努力。然而在新的解經路術被開發出來以前，性三品說仍然穩固的與《論語》中孔子所言相結合，於是也就被堅實地賦予了代表孔子本意的神聖權威性，具有足以壓倒一切的判準決定力。這讓我們瞭解到，經典文獻一旦與某種詮釋結合，能夠衍生出一股多麼大的思想權威箝制力。

但是有一點也不應忽視，即是在皇侃《義疏》中，或說得更廣泛一點，早在魏晉玄學思想家的天人論中，即已含藏大量影響後代理學家思考性命問題的啟示與端子，例如性情體用動靜架構之確立，例如性之本體義與超越性之建構，例如性情天命與倫理道德間之溝通……等。而對於經書原典的注疏與詮解，無疑是串起這條伏流的關鍵媒介。皇侃《義疏》與邢昺《正義》本身皆是針對記載聖人言行的《論語》進行注疏，而唐代《五經正義》的編纂，更是串連此一脈絡不可忽視的重要中繼站。

從魏晉到唐宋，儒學對於人性觀點的思考是逐步演進的，首先確立的是性情體用關係架構，讓性情關係擺脫兩漢以陰陽二氣比附性情所造成的性情二元割裂傾向。與此相連的，是「性」之「本體」義逐步自秦漢以來的氣性材質義中被抽離、提升出來，這是玄學思想家們在吸收老莊天道本體論與性靜情動的思想架構後，對性情概念思考的一次邁進，最典型的代表即是王弼對於性情體用本末與聖人有情命題的論述。在性靜情動的體用一如架構下，「情」的普遍性得到肯定，同時也開啟了一個從「情」的角度切入溝通聖凡的契機，將兩漢天命代理人的聖王形象，向下、向內拉回人世眾生之間，一種以內在境界取代外在功業的新聖人典範隱然浮現。

進入隋唐五代，時勢的動亂與佛老在心性領域的專擅，使得以復興儒學倫理以平治天下自許的思想家們意識到，心性問題對於穩固儒學主體道德價

值中所具有的重要性，於是此一時期開始衍生出大量關於性情問題的相關討論、辯證，對於人性本質中所具有之「道德性」意涵的探討亦開始逐步回流。初期的作法，仍是由漢代以「五行」解釋「五常」的氣性宇宙論中汲取支持，這些論述雖是承襲兩漢五行氣性論為主，但不可忽視的是其中所透露出的對人性道德本質的重新探詢與重視。這其中所隱含的，是儒學在經歷了長期被動接受佛老本體觀的同時，已開始儲蓄精力，正面迎戰佛老的挑戰。

　　以唐末宋初而言，性善論觀點的回流，正表現出這些努力尋求確立儒學現世倫理價值的思想家已意識到，如欲確立倫理道德的主體價值，就不能只固守形下名教之領域，而必須在本體與心性命題上，與佛老之學一較長短。但這個時期的思想家，還只意識到確立倫理道德以人性本質源頭的重要性，還無法走出漢儒援引《論語》、比附陰陽氣性論以創立之「性品有等」說，所以我們看到，在主張性中備有五常之性的同時，主性三品說的學者仍是此一時期之主流。最明顯的例子，是北宋江西學者對於性情的討論，其中最具代表性的典型，乃是一方面強調「性善」，一方面強調「人之性有等」，而「聖人之性不與人同」的《七經小傳》作者劉敞〔註54〕。我們在皇侃《論語義疏》與邢昺《論語正義》的經注比較過程中所看到的，正是與此一趨勢相應和之義理發展。

〔註54〕參見拙作：〈北宋江西學者人性論與聖人觀試析——兼論宋代儒林與道學間的幾點思想差異〉（該文已撰就，即將發表）。

第三章　皇《疏》與邢《疏》解經思想中的「道」與「理」

　　「道」的本意，是人所行之道，具有一定方向的路，稱之爲「道」，《莊子》曰：「道行之而成」（〈齊物論〉），韓愈云：「由是而之焉之謂道」（〈原道〉）。這是說，「道」是由人所走出來的，能夠由這個方向通達到彼方的就是「道」。由「所行之路」，引伸爲「所當行之路」，人所當行者爲「人道」，君所當行者爲「君道」，而天之所行，則有「天道」，於是「道」進一步發展爲天和人所必須遵守的軌道或規律的通稱。然而道既是走出來的，對於如何才是所當行之路，可以有不同的看法。於是從先秦開始，各家各派對於「道」都提出了不同的主張，「道」的內涵亦隨著行道主體的不同而有所更動，所以我們看到有天道、人道、王道、霸道、小道、大道、君子之道、小人之道……等種種不同的說法。「道」固然可以有這麼多不同的可能與說法，但在《論語》中，當「道」被單獨使用時，顯然不是一種泛稱，而是具有某種特殊意義的義理內涵，代表的是孔子心目中最合乎這個人世間運行的一個共通準則、規範與作法。

　　僅從出現的數量上來看，就可看出「道」在孔子思想中確是一個重要範疇，《論語》中「道」字有 59 見之多，可見孔子非常的重視「道」。他屢次提及，所謂的士君子人，不應以貪圖世間的名利爲滿足，而是要能以「志道」，「守道」自勵〔註 1〕。孔子所念茲在茲的，是當時天下與邦國的「無道」，孔

────────────────────

〔註 1〕　子曰：「士志於道，而恥惡衣惡食者，未足與議也。」（《論語・里仁》）子曰「志於道，據於德，依於仁，游於藝。」（《論語・述而》）子曰：「篤信好學，

子相信，正是爲政者的「失道」，造成家國社會的動盪不安，所以孔子的終極理想，就是希望能使天下復歸於「有道」〔註2〕，正是這個目標，策勵著孔子即使面對世人不理解的冷嘲熱諷與百般阻撓，而仍然不屈不撓的堅守信念，努力不懈。

然而這個「道」的具體含意是什麼？對此孔子並沒有用明確的規範來加以界定。但我們透過《論語》中所記載的孔子言談，仍然可以清楚的感受到，這個孔子所努力奉行，推廣不懈的「道」，就是孔子的忠恕仁禮合一之道，自其蘊於內者言則曰「仁」，自其表於外者言則曰「禮」〔註3〕。這不僅是孔子的哲學之道，亦是孔子的救世之道，落實於政治社會層面而言，即是眾人各行其正的正名之道。這是孔子立足於商周以來人文精神覺醒的思潮脈絡下，對「先王之道」與「文武之道」的新一層理解與突破。

綜合而言，我們知道，「道」在孔子的思想中，相對於世俗名利，具有超越性與優先性，是君子人所自我惕勵的行爲準則，是放諸天下可通行之政治教化之道，是人文化成的終極理想。雖然如此，孔門言「道」，主在人事，「性與天道」，非孔子之所言。但子貢既言「天道」，可見在思考「人道」如何圓

守死善道。」（《論語・泰伯》）子曰：「富與貴是人之所欲也，不以其道，得之不處也；貧與賤，是人之所惡也，不以其道，得之不去也。君子去仁，惡乎成名，君子無終食之間違仁，造次必於是，顛沛必於是。」（《論語・里仁》）子曰：「君子謀道不謀食。耕也，餒在其中矣，學也，祿在其中矣。君子憂道不憂貧。」（《論語・衛靈公》）子曰：「朝聞道，死可矣・」（《論語・里仁》）

〔註2〕「邦有道」、「邦無道」、「上失其道」、「天下有道」……等語，在《論語》中出現十餘次之多，可見孔子念茲在茲所行之正道，絕非僅爲獨善其身之道，而是要放諸邦國天下，使萬民同致太平之道。故爲政者若能以身作則引導民眾，使此道行之天下，蒼生將各得其所而共享安樂，故曰：「誰能出不由戶，何莫由斯道也。」（《論語・雍也》）

〔註3〕孔子在《論語》中「道」之內涵作明確界定的言論或許不多，但出自孔子弟子口中的幾段話，卻可以給我們一些很好的參考。如有子曰：「君子務本，本立而道生，孝弟也者，其爲仁之本與！」（《論語・學而》）是將「道」與「仁」對舉。此外，子曰：「富與貴是人之所欲也，不以其道，得之不處也；貧與賤，是人之所惡也，不以其道，得之不去也。君子去仁，惡乎成名？君子無終食之間違仁，造次必於是，顛沛必於是。」（《論語・里仁》）也隱約蘊含了「仁」與「道」的連結。有子又曰：「禮之用，和爲貴，先王之道，斯爲美。」（《論語・學而》）這是隱含「禮」與「先王之道」的連結；曾子曰：「夫子之道，忠恕而已矣。」（《論語・里仁》）更是直接以「忠恕」解夫子之道。子之武城，子游對曰：「昔者偃也，聞諸夫子曰：『君子學道則愛人，小人學道則易使也。』」（《論語・陽貨》）顯示出「愛人」與「易使」皆是仁禮之教（學道）的功效。

滿運行與建構的同時，關於「天道」的思考，亦早已在醞釀發展中了。隨著時代思潮的演變，「道」概念很快超越了人世層面，涉入形上本體與宇宙本根的意涵。到了魏晉以降，此一趨勢益發越演越烈，我們在《論語》注疏中，首先會看到的正是這種天人思潮交會下所演發的種種「天」、「人」、「道」、「理」等相關範疇的思考與詮釋嘗試。

第一節　論「道」

　　《論語》中言「道」著重在人事的層面，這與孔子本人心真情指點為「仁」，發而為「禮」，重言「人道」的思考角度是相合的。但隨著時代思潮的進一步發展與流衍，特別是道家思想的刺激下，已經不允許僅自人生界來思考「道」的意涵。「道」的概念，在《老子》中就做了一次躍升，其所論「道」，已超乎人生界而涉入宇宙本根與形上本體之究極關懷，作為《老子》哲學體系的最高範疇，「道」被賦予了萬物究竟規律與究竟所以的意涵。其後《易傳》就是沿著這個脈絡，提出「一陰一陽之謂道」這種自天地萬物運動變化規律思考天人儀則的觀點，道作為天地萬物化生和變化的規律，是事物內部的本質聯繫，這種萬物產生和變化的內在必然性是抽象的，不能為人的感覺器官所直接感知，所以又說「形而上者之謂道」。

　　作為《論語》詮釋者的解經家，處於時代思潮的洪流中，對於「道」之意涵的理解，不可避免的伴隨時代思潮的發展而受到影響，於是對於《論語》中「道」之意涵的詮釋與了解，亦隨之而有所拓展與轉移，特別是在魏晉六朝時期，正是儒、佛、道三教天人思想融會交流的高峰期。我們在魏晉以降的《論語》注疏中，首先看到的就是在此一風潮脈絡下，關於「道」與天人關係的新思考架構。而這種詮釋過程，是漸進並隨時而有所轉移的，這反映出經典詮釋與思潮流轉確乎是處於一種隨時互動並交互影響的特殊關係中。以下筆者將先針對《論語》中言「道」篇章的注疏予以討論，以期探求反映在《論語》注疏中對「道」之意涵理解的發展與轉變。

一、「道不可體」與「通物之妙」

　　「志於道」是孔子心中士君子人應引為自勵的重要德行，但就是從對這麼一句經文的注語中，我們開始看到展現出對「道」之意涵的不同層次思考

的嘗試：

> 《集解》：（子曰：志於道）志，慕也。道不可體，故志之而已。（《論
> 語注疏・述而第七》，頁 60）〔註4〕

《集解》的注文雖然僅有簡短一句「道不可體」，其所蘊含之意義卻不可忽視，因為對比於鄭玄《論語注》所言：「道，謂師儒之□教誨者也」，何晏言「道不可體」，無疑已表現出一種對「道」之意涵的新理解。所謂「師儒教誨」之「道」，是將「道」之內涵定義在文化與師承傳統上，表現出漢儒對師法相承之儒學文化傳統的尊崇，但更重要的是，這絕對是一種人文化成意義下的傳承之道，是必須透過代代儒者相承積累以承續的文化之道。此一含意下所言之「道」，不論功夫有多艱鉅，絕不至有「不可體」的問題，因為若「人」不可體，則此「道」之傳承與延續勢必發生問題，這是一個與「人」之存在與文化承續緊密結合的「道」意念。

《集解》並非不了解「志道」在孔子思想中對士君子的重要性，《集解》中亦不乏以「志道」來肯定士之志行的注語：

> 《集解》：（士而懷居，不足以為士矣）士當志道不求安，而懷其居，非士也。（《論語注疏・憲問第十四》，頁 123）

並兩引鄭玄《注》以強調君子人「志道」之意：

> 《集解》：（子貢曰：「貧而無諂，富而無驕，何如？」子曰：「可也，未若貧而樂，富而好禮者也。」）鄭曰：樂謂志於道，不以貧為憂苦。
> （《論語注疏・學而第一》，頁 8）

> 《集解》：（子使漆彫開仕，對曰：「吾斯之未能信。」子說。）鄭曰：善其志道深。（《論語注疏・公冶長第五》，頁 42）

有趣的是，何晏雖引鄭玄「志道」之意，卻不取其對所志之「道」的定義，很明顯的，何晏並不以鄭玄對「道」的見解為滿足。「志道」是孔子所強調之士君子的重要自我惕勵目標，但這裡何晏在同樣肯定「志道」意涵的同時，卻又告訴我們，之所以「志道」，乃是因為「道」帶有「不可體」之特質；並且正是因為「體道」不可能，所以才更須要「志道」。這其中顯然蘊含一種對

〔註4〕以下只揭篇名，帶括號的是《論語》原文，不帶括號的是注文或疏文；下同。

「道」之意涵的新理解與新體會。

然而何晏對「不可體」之「道」畢竟沒有作進一步的注解，所以接下來我們要看的是，皇《疏》與邢《疏》如何來詮釋「不可體」之道的意涵：

> 皇《疏》：（子曰：志於道）志者，在心向慕之謂也。道者，通而不擁也。道既是通，通無形相，故人當恒存志之在心，造次不可暫舍離者也。（道不可體，故志之而已）不可體，謂無形體也。（據於德）據者，執杖之辭也。德謂行事得理者也，行事有形，有形故可據杖也。（《論語義疏・述而第七》，頁3）

> 邢《疏》：（注：志，慕也。道不可體，故志之而已）道者，虛通無擁，自然之謂也。王弼曰：「道者，無之稱也，無不通也，無不由也，況之曰道，寂然無體，不可爲象。」是道不可體，故但志慕而已。……（注：據，杖也。德有成形故可據。）德者，得也。物得其所謂之德，寂然至無則謂之道。離無入有而成形器，是謂德業。（《論語注疏・述而第七》，頁60）

皇《疏》曰：「道者，通而不擁」，邢《疏》曰：「道者，虛通無擁」，兩者都強調道「通」的含意。以「通」言「道」，是皇《疏》與邢《疏》對「道」的共同理解，我們先來探討一下其中的含意。

在道家與玄學思想中，世間萬物的本體溝通就是一種「通」的境界，而非一種齊頭式相同齊一的境界。所以《莊子・齊物論》曰：「恢恑憰怪，道通爲一」；《莊子・知北遊》曰：「通天下之一氣」；眾生個體生命的究極安頓，並不需要劃歸統一於一共同標準。「道」在道家思想架構中，是至高究極範疇，但「道」並不是一種具有實際內容的最高規定，而是一種最大公約數形式存在的究極法則，故在《莊子》外雜篇中，屢言「道」、「德」的「通」、「公」、「兼」概念〔註5〕。

然而「通」在道家思想中，固然是一個不可忽視的概念，但在《周易》中，「通」得到的發揮與重視卻更爲強烈。如《繫辭傳》中，即屢言「變通」與「會通」之意，而《周易》本文中，直接言「通」之語固然不多，但「亨」

〔註5〕　「是故天地者，形之大者也；陰陽者，氣之大者也；道者爲之公。」（《莊子・則陽》）「德兼於道，道兼於天。」「通於天地者，德也；行於萬物者，道也。」（《莊子・天地》）

卻絕對是一個重要概念，而「亨」即帶有「通」義。然而《易》中所言「通」之含意與《莊子》所言之側重卻有所不同：《莊子》言「道」之「通」，是本於對分殊萬象的融通含容，是為了打破具體事相間因表面形象隔閡所帶來的相對比較；而《易》所言「通」，除了強調萬物不斷運動變化的「變通」之意外，亦含有「開通」萬物、化生萬物使各得其正的含意。前者帶有超越具體名相執著的本體論思維，後者帶有萬物化生，運行不息的宇宙本根思想。這些在此後玄學中，都得到進一步的發揮與結合。並且正因為「通」這種帶有形上抽象思維的概念包括了《老》、《莊》與《易》中的重要觀點，所以我們在探討玄學與《論語》注疏中「道」的概念時，往往會感受到儒道思想的交會作用。

回到對「道」意涵的探討。「道」概念的演變，首先是由一種打破萬物名相隔閡，作為萬物共通本體的思考開始。王弼《老子指略》說：「夫道也者，取乎萬物之所由也。」〔註6〕《老子‧二十五章》「字之曰道」，王弼注曰：「言道，取於無物而不由也。」〔註7〕這是以「道」作為貫通萬物的共通本原，打通萬物表面形象隔閡的一種本體描述。在《老子‧十四章》「視之不見名曰夷，聽之不聞名曰希，搏之不得名曰微。此三者不可致詰，故混而為一。」王弼注：「無狀無象，無聲無響，故能無所不通，無所不往。不得而知，更以我耳、目、體，不知為名，故不可致詰，混而為一也。」〔註8〕「道」為「萬物之所由」，是因為它是一種超越名相差別的本體存在；「道」能「無所不通」，通於萬物，是因為「道」不執著拘泥於任一具體物象。

萬物紛雜，有形體象數，故可以名言稱之；「道」則非物非象，無形無體。就像皇侃《論語義疏》在《論語‧述而第七》「子溫而厲，威而不猛，恭而安」句下所引王弼注曰：

> 王弼曰：溫者不厲，厲者不溫〔註9〕；威者心猛，不猛者不威；恭則不安，安者不恭，此對反之常名也。若夫溫而能厲，威而不猛，恭而能安，斯不可名之理全矣。故至和之調，五味不形；大成之樂，

〔註6〕晉‧王弼著、樓宇烈校譯：《王弼集校釋》（臺北，華正書局，1990年12月），頁196。

〔註7〕同上註，頁63。

〔註8〕同上註，頁31。

〔註9〕懷德堂本《論語義疏》作「溫和不厲，厲不溫」，知不足齋本作「溫者不厲，厲者不溫」。據上下文意，此依知不足齋本。

五聲不分；中和備質，五材無名也。（《論語義疏‧述而第七》）

唯其無形無名，故可不爲具體物象所侷限，故可超越現象界之相對名相，含括一切，作爲萬物共通的形上本體〔註10〕。「道」不是某一種具體事物，沒有任何具體之屬性，因此也沒有任何侷限性〔註11〕。正是因其不爲所「分」所「屬」所侷限，是以能「包通天地，靡使不經」，爲「品物之宗主」。「道」一方面是有至高的「超越性」，有無窮的「創發力」，但同時它也是和萬物有著緊密的依存性，無大千世界的芸芸眾生，「道」的妙用亦無處發用，無處顯現。也就是從這個觀點上，所以說「道」是「無形相」、「無形體」，是「寂然至無」。皇《疏》和邢《疏》即是承襲了這種對「道」之意涵的新思考。

　　然而，這裡有一點引人注意的是，以皇《疏》與邢《疏》相較，皇《疏》尚未直以「無」言「道」；並且雖言「道不可體」，但非以人與「道體」無可干涉，反強調應「恆存志之在心，造次不可暫舍離者也。」指出「道」應「恆存志之在心」，可視爲朱子《集注》「志者，心之所之」說的前驅。在邢《疏》中，卻直引王弼注語，以「無之稱也，無不通也，無不由也，況之日道，寂然無體，不可爲象」言「道」，這裡我們可能會很好奇，怎麼邢《疏》所保留的玄意竟比皇《疏》還濃厚？何以皇侃尚且沒有直接用「空」、「無」解「道」字，到了邢昺卻直接拿「無」來注「道」呢〔註12〕？實則邢《疏》亦並非有意雜玄，應是受到《周易正義》影響。在《周易‧繫辭上》「一陰一陽之謂道」句下，韓康伯注曰：「道者何？无之稱也。无不通也，无不由也，況之日道。寂然天體〔註13〕，不可爲象。」〔註14〕邢《疏》此章疏語雖引自王弼，但這

〔註10〕王弼《老子指略》曰：「夫物之所以生，功之所以成，必由乎無形，由乎無名。無形無名者，萬物之宗也。」（同註6，頁95）《老子‧一章》注曰：「道以無形無名始成萬物。」（同註6，頁1）

〔註11〕王弼《老子指略》：「形必有所分，聲必有所屬，故象而形者，非大象也；音而聲者，非大音也。」（同註6，頁95）《老子‧四十一章》王弼注曰：「有形則有分，有分者，不溫則涼，不炎則寒。故象而形者，非大象。……有聲則有分，有分則不宮而商矣。分則不能統眾，故有聲者非大音也。」（同註6，頁113）

〔註12〕如高荻華氏即認爲皇侃不引王弼此章注「道」之語，表現出皇侃與王弼對「道」之意涵的不同看法，見高荻華：《皇侃論語集解義疏研究》（臺北：國立中央大學中國文學研究所碩士論文，岑溢成指導，2000年）。

〔註13〕據阮校：此「天」應作「无」。

〔註14〕《周易注疏‧卷七‧繫辭上》（臺北：藝文印書館，1987年8月初版第十三刷，影印嘉慶二十年江西南昌府學本《十三經注疏》），頁148。本文所引用之《十

段注文早已透過韓康伯的引用進入經學詮釋的正統領域中〔註15〕，邢《疏》未循皇《疏》舊注而另引王弼之注，或許也是受其影響。邢《疏》受到《五經正義》影響的疏文相當不少，在後面的討論中還會一再看到類似的例子。

以「通」與「無」釋道，「志於道」章並不是孤例，在《論語‧衛靈公第十五》「人能弘道，非道弘人」章，皇侃與邢昺疏文分別如下：

> 皇《疏》：道者通物之妙也。通物之法，本通於可通，不通於不可通。若人才大則道隨之而大，是人能弘道也；若人才小則道小，不能使大，是非道弘人之也。故蔡謨云：道者寂然不動，行之由人。人可適道，故曰：「人能弘道」；道不適人，故云：「非道弘人」之也。（《論語義疏‧衛靈公第十五》）

> 邢《疏》曰：此章論道也。弘，大也。道者，通物之名，虛無妙用，不可須臾離。但仁者見之謂之仁，知者見之謂之知，是人才大者，道隨之大也，故曰：「人能弘道」。百姓則日用而不知，是人才小者，道亦隨小，而道不能大其人也，故曰：「非道弘人。」（《論語注疏‧衛靈公第十五》，頁140）

在《漢書》〈董仲舒傳〉所載董仲舒的對策和〈禮樂志〉所載的平當對策，皆曾引用此章「人能弘道，非道弘人」之語，作為治亂興廢在於人的意思〔註16〕，其所言「道」，乃是一種治平之道，故董仲舒對策中曰：「道者，所繇適於治之路也，仁義禮樂皆其具也。故聖王已沒，而子孫長久安寧數百歲，此皆禮樂教化之功也。」〔註17〕但到了皇《疏》與邢《疏》，對「道」的理解不再只是人世政治社會所當施行之禮樂教化之道，而是「通物之妙」與「通物之名」。

三經注疏》皆依此版本，不再另行註明。

〔註15〕可能是韓康伯在注解《繫辭傳》時引用了王弼在《論語釋疑》中的注語，雖然王弼此段注語並不見於皇侃《論語義疏》，但在兩處注語的文句與文義可說完全相同的情況下，我們幾乎可以肯定韓注是引自王弼注的。

〔註16〕董仲舒〈對策〉云：「孔子曰：『人能弘道，非道弘人』也。故治亂廢興在於己，非天降命不可得反，其所操持誖謬失其統也。」《新校本漢書‧列傳‧卷五十六董仲舒傳第二十六》（北京：中華書局《二十四史》，1997年11月），頁2516。平當〈對策〉云：「衰微之學，興廢在人。宜領屬雅樂，以繼絕表微。孔子曰：『人能弘道，非道弘人。』」《新校本漢書‧志‧卷二十二禮樂志第二》（同上），頁1072。

〔註17〕《新校本漢書‧列傳‧卷五十六董仲舒傳第二十六》（同上註），頁2499。

以「通物」言「道」，可視爲延續王弼「道」能「無所不通」，爲「萬物之所由」觀點的進一步發展。在郭象《莊子注》中，就是直接以「通物」來言「道」：《莊子注‧繕性》「道無不理，義也」句下，注曰：「夫道能通物，物各當理，理既宜矣，義功著焉。」〔註18〕〈則陽〉「道者爲之公」句下，注曰：「物得以通，通物無私，而強字之曰道。」〔註19〕這裡點出「道」通物的關鍵有二：一是無私，二是使物各當其理。換句話說，物皆有其各自之理，無私而付之萬物各自之分理，則能使物各當理而通物無礙。這些觀點，在皇《疏》與邢《疏》中其他章節中也同樣能找到，我們在後面將會討論。

在「志於道」章，我們看到皇《疏》與邢《疏》言「道」的思想混合著來自儒道原典的多重色彩，也看到《五經正義》中的玄學思想如何影響了邢《疏》對疏文的取捨。這些特點在「人能弘道」章中同樣也能找到。

皇《疏》以「道」爲「通物之妙」，並引蔡謨曰：「道者寂然不動，行之由人。」此二句初看似帶有濃厚的老莊意味，但「行之由人」是「道」字本意，「寂然不動」則本於《周易‧繫辭》。同樣的情況也發生在邢《疏》中，並且更爲顯明。邢《疏》以「道」爲「通物之名」，並言「虛無妙用，不可須臾離」。「不可須臾離」出於《中庸》「道不可須臾離」；而其下以「仁者見之謂之仁，知者見之謂之知」與「百姓日用而不知」解「人能弘道，非道弘人」之旨，則皆出於《周易‧繫辭》。更重要的是，以「道」爲「通物之名」，屢見於《五經正義》，特別是《周易》與《禮記》注疏中。

論其端始，可能仍然是王弼在《周易‧乾卦‧文言》「乾元者，始而亨者也」下注曰：「不爲乾元，何能通物之始？」〔註20〕故《周易正義》疏解道體元亨之德曰：

> 道體無形，自然使物開通，謂之爲道。言乾卦之德，自然通物，故
> 云乾道也。〔註21〕

道體「使物開通」是一種自然而然的過程，並非有意造作，言「使物開通」、「自然通物」，除了包含有道體無形而超越的意涵外，更具有「生物開通」的

〔註18〕《莊子集釋‧卷六上‧外篇‧繕性第十六》（臺北：萬卷樓圖書有限公司，1993年），頁549。本文所引《莊子注》皆出自此版本，不再另行註明。
〔註19〕《莊子集釋‧卷八下‧雜篇‧則陽第二十五》，頁913。
〔註20〕《周易注疏‧卷一‧乾》，頁16。
〔註21〕《周易注疏‧卷一‧乾》，頁11。

意義。故《周易正義》曰：

> 道是開通，生利萬物。故〈繫辭〉云「生生之謂易」，是道爲生也。
> 〔註22〕

> 道是生物開通，善是順理養物。故繼道之功者，唯善行也。「成之者
> 性也」者，若能成就此道者，是人之本性。若性仁者成就此道爲仁，
> 性知者成就此道爲知也，故云「仁者見之謂之仁，知者見之謂之知」。
> 是仁之與知，皆資道而得成仁知也。〔註23〕

此所言「道」有兩層意義：一曰道體虛無，無形體之限，爲萬物之終極實在
與存在依據。二是道能開通萬物，以其開通萬物言之，名之爲道，而其生物
開通，皆屬無爲之化。將此段《繫辭》的疏文與邢昺「人能弘道」章疏文相
較，我們不難看出其中的相似點與思想的延續性，也更能理解邢《疏》何以
會引「仁者見之謂之仁，知者見之謂之知」作爲「人能弘道」的註解。以仁、
知爲人之才性，是兩漢魏晉以降到理學之前的共通看法，但眞正直接影響邢
《疏》的，可能是在《禮記正義》中以「道」爲「通物之名」的疏語：

> 「率性之謂道。」率，循也。道者通物之名，言依循性之所感而行，
> 不令違越，是之曰道。感仁行仁，感義行義之屬不失其常，合於道
> 理，使得通達，是率性之謂道。〔註24〕

> 「道德仁義非禮不成」者，道者通物之名，德者得理之稱，仁是施
> 恩及物，義是裁斷合宜。言人欲行四事，不用禮無由得成。……舉
> 此四者爲用禮之主，則餘行須禮可知也。道是通物，德是理物。理
> 物由於開通，是德從道生，故道在德上。〔註25〕

這裡對「道德仁義」的定義，與皇侃《論語義疏》中所載極爲相近。在「志
於道」章皇《疏》對「道」、「德」的疏語就是「通而不擁」與「行事得理」，
而以「仁」爲「施恩及物」，更是皇侃對「仁」意義最主要的看法。孔穎達等
編纂《禮記正義》，是以皇侃《禮記義疏》爲主要的參考底本〔註26〕，此處所

〔註22〕《周易注疏・卷三・觀》，頁60。
〔註23〕《周易注疏・卷七・繫辭上》，頁148。
〔註24〕《禮記注疏・中庸・卷五十二》，頁879。
〔註25〕《禮記注疏・曲禮・卷一》，頁15。
〔註26〕《五經正義》的編修原則，除《周易正義》外，其餘四部書皆是參考前人注

言是否即是援引皇侃之說？因其下特別另引熊安生之說，故此處注語確實有相當可能是出於皇氏《禮記義疏》的。若果眞如此，那邢《疏》就是繞了很大一圈去引用皇侃的看法。這也讓我們了解到，當邢昺編纂《論語正義》時，早已成爲官方標準意見的《五經正義》，其影響力與決定性，在某些層面上，較之皇侃《義疏》，其實是更大的。今天在邢昺《論語正義》中所能找到的很多雜有玄學意味的疏語，其實未必僅是「刪翦未盡純粹」〔註27〕，更大的因素可能根本是受到《五經正義》影響，援引其中已被劃歸入正統的儒道融通觀點。

這讓我們看到，魏晉玄學吸收《老》、《莊》與《易傳》道體形上思想，對儒門經典所做的新詮釋，如何透過《五經正義》的編纂（特別是以王弼、韓康伯注爲本的《周易正義》），悄悄進入正統儒門經典詮釋的領域。就其思想內涵而言，或可謂受到老莊玄學思想的影響，然透過經學注疏正統化的洗禮，早已進入儒門正統。對於宋代官方經學的編纂者來說，援引《周易正義》中的注語與觀念，是完全沒有問題的，因爲那早已是經學正統權威的一部份。這讓我們看到在中國思想史三教融會的過程中，經學詮釋與經典正統化的選擇，如何扮演了一個關鍵性的角色。

二、「天道者，元亨日新之道」

「通物」是皇《疏》與邢《疏》對「道」之意涵的共同理解，也可以說

疏，並從中選擇一家爲稿本，或者再加上一個備補的參考本。說穿了，這幾部《正義》也是前人著作的刪修本，這點和邢昺《論語正義》以皇侃《義疏》爲本而加以刪修的作法很類似。據孔穎達《禮記正義序》，前代爲《禮記》作義疏的有許多家，而到了唐代只能見到南朝皇侃和北朝熊安生的義疏。孔穎達比較皇氏和熊氏的義疏並總結曰：「然以熊比皇，皇氏勝矣。……今奉敕刪理，仍據皇氏以爲本，其有不備，以熊氏補焉。」由此可知孔穎達《禮記正義》基本是以皇侃的《禮記義疏》爲稿本，而以熊安生的《禮記義疏》作爲備補的參考。根據清代朱彝尊《經義考》：皇侃有《禮記義疏》（《隋書・經籍志》九十九卷，《舊唐書・經籍志》五十卷）。相關討論可參考《中國經學思想史・第二卷》〈五經正義的撰修過程〉（北京：中國社會科學出版社，2003年9月）。

〔註27〕 邢昺《論語正義》在「志於道」對「道」所下的疏語，一般皆被視爲是邢《疏》承襲皇《疏》雜玄而刪節未盡的殘餘。見胡健財〈論語邢昺正義述評〉，《孔孟月刊》第27卷第2期，總第314期（1988年10月），頁17；蔡娟穎〈《論語》邢昺疏研究〉，《國立臺灣師大國研所集刊》35期（1991年），頁19。

是對魏晉以來「道」、「理」概念發展的一個總結。然而「通物」畢竟只是對「道」形上本體性質的一種描述，落實下來，其在天人之道間的具體內涵，「理」在其中進一步扮演的角色，人對「道」、「理」的把握與應對……，都值得進一步關注。

《論語》言「道」，主於人事，但隨著時代思潮的發展，宇宙天人間之關係，已成為學者所關切之重要主題。是以孔子思想雖以人生界與人之心性本源為主軸，未就宇宙天人觀多所著墨。但衍至秦漢之際的儒者，已不能自外於此一風潮，《荀子》與《易》、《庸》，皆屢言宇宙天人關係；漢代儒者，更結合陰陽五行說，建構出一天人感應的宇宙天人觀，對於「天道」的關切，早已深入儒門領域。此一態勢，自然亦反映在《論語》解經詮釋中，故「天道」雖為夫子所罕言，但自何晏以降的《論語》注疏，對「天道」意涵早已無法略而不言。

關於天道的意義，在皇《疏》與邢《疏》中，仍能找到沿襲漢代天人感應天道觀的說法，如皇《疏》中以「天道」為天象運行〔註28〕，能行賞善罰惡〔註29〕，與人間風政人情相副〔註30〕，這些漢代天道觀所餘留的觀念，即使在邢《疏》中也同樣不難找到〔註31〕。但是這裡引人關注的，卻是《論語》注疏中所流露出的新天道觀念，這在《集解》中已初步透露端倪：

> 《集解》：(子貢曰：夫子之文章，可得而聞也) 章，明也。文采形

〔註28〕「天道左旋，改正右行者，非改天道，但改日月耳。」(《論語義疏·為政第二》「子張問十世可知也」章)

〔註29〕「小人見天道恢疏而不信，從吉逆凶，故不畏之而造爲惡逆之也。」(《論語義疏·季氏第十六》「君子有三畏」章)

〔註30〕「三年一閏，是天道一成，故爲政治若得三年，風政亦成也。」(《論語義疏·子路第十三》「子曰：苟有用我者，期月而已可也」章)「人情之變，本依天道。天道一期，則萬物莫不悉易，舊穀既沒盡，又新穀已熟，則人情亦宜法之而奪也。……人是三才之一，天地資人而成，人之生世，誰無父母，父母若喪，必使人子滅性及身服長凶，人人以爾，則二儀便廢，爲是不可。故斷以年月，使送死有已，復生有節，尋制服致節，本應斷期，斷期是天道一變，人情亦宜隨人而易。」(《論語義疏·陽貨第十七》「宰我問三年之喪」章)

〔註31〕「謂天曆運之數。帝王易姓而興，故言曆數謂天道。」(《論語注疏·堯曰第二十》「天之曆數在爾躬」，頁178)「言三年之喪，一期爲足之意也。夫人之變遷，本依天道。一期之間，則舊穀已沒，新穀已成。鑽木出火謂之燧。言鑽燧者又已改變出火之木。天道萬物既已改新，則人情亦宜從舊。」(《論語注疏·陽貨第十七》「宰我問三年之喪」章，頁158)「天道恢疏，故小人不知畏也。」(《論語注疏·季氏第十六》「君子有三畏」章，頁149)

質著見，可以耳目徇。(夫子之言性與天道，不可得而聞也) 性者，
人之所受以生也；天道者，元亨日新之道，深微故不可得而聞也。(《論
語注疏・公冶長第五》，頁43)

以「元亨日新之道」注解「天道」，又以「深微」注解「性與天道」何以「不
可得而聞」，如此其天人間之連結已大異於兩漢自宇宙生成論與象數天命論出
發之天人感應思維。在《後漢書・桓譚傳》引桓譚上疏云：「蓋天道性命，聖
人所難言也，自子貢以下，不得而聞。」《後漢書注》中引有鄭玄《論語注》
云：

性謂人受血氣以生，有賢愚吉凶。天道，七政變動之占也〔註32〕。

按桓譚疏文中雖雖強調「天道性命」為聖人亦所難言，實則此一天人性命之
連結卻正是漢代儒學思想的主軸，並且是以一種夾雜陰陽五行氣化宇宙論與
才性命定論的思維論述。鄭玄注中以「七政變動之占」註解天道，這是漢代
象數易學的觀念。「七政」是指七種政事，七政之名見於《尚書・堯典》：「在
璇璣玉衡，以齊七政」，古人以為天上星象與人間政事相為影響，以北斗七星
之一星主一政事，故「七政變動之占」應是指以日月五星或北斗七星的變動
來體察天道，並以觀人世。鄭《注》所論含有濃郁的陰陽災異思想〔註33〕。

相對於此，《集解》以「元亨日新之道」闡述天道，乃源自《易傳》，卻
已非兩漢以元氣象數理論所擬構之天道形象，而是自天道運行所展現之常則
與精神去加以理解的「天」。換句話說，不再是兩漢偏向物質性與經驗性思維
模式下的天道，而是一種帶有抽象理則與至極精神意涵的天道。漢代言天文
災異者，以人政上應天道，其立言全圍於形器之域。漢人所謂天，所謂道，
蓋為有體之元氣。至若玄學，則視道之無體超象，故能超具體之事象，而進
於抽象之理則〔註34〕。皇侃沿襲此一觀點：

皇《疏》：夫子之言即謂文章之所言也。性，孔子所稟以生者也，天
道，謂元亨日新之道也。言孔子六籍，乃是人之所見，而六籍所言

〔註32〕 《後漢書卷二十八上・桓譚馮衍列傳第十八上》(北京：中華書局，《二十四
史》，1997 年 11 月)，頁 960。

〔註33〕 蔡振豐：〈何晏《論語集解》的思想特色及其定位〉，《台大中文學報》第十五
期 (2001 年 12 月)，頁 12。

〔註34〕 湯用彤：〈王弼之《周易》、《論語》新意〉，《魏晉玄學論稿》(上海：上海古
籍出版社，2001 年 6 月)，頁 83。

之旨，不可得而聞也。所以爾者，夫子之性與天地元亨之道合其德
致，此處深遠，非凡人所知，故其言不可得聞也。元，善也。亨，
通也，日新謂日日不停，新新不已也，謂天善道通理萬物，新新不
停者也。言孔子所稟之性與元亨日新之道合德也，與元亨合德，故
深微不可得而聞也。（《論語義疏・公冶長第五》）

邢《疏》對此章「天道」之解，亦未離此一「元亨日新」意涵：

> 邢《疏》：此章言夫子之道深微難知也。「子貢曰：夫子之文章可得
> 而聞也」者，章，明也。子貢言夫子之述作威儀禮法有文彩，形質
> 著明，可以耳聽目視，依循學習，故可得而聞也。「夫子之言性與天
> 道不可得而聞也」者，天之所命，人所受以生，是性也。自然化育，
> 元亨日新，是天道也。與，及也。子貢言若夫子言天命之性，及元
> 亨日新之道，其理深微，故不可得而聞也。……云「天道者，元亨
> 日新之道」者，案《易・乾卦》云：「乾。元亨利貞。」《文言》曰：
> 「元者，善之長也。亨者，嘉之會也。利者，義之和也。貞者，事
> 之幹也。」謂天之體性，生養萬物，善之大者，莫善施生，元為施
> 生之宗，故言元者善之長也。嘉，美也。言天能通暢萬物，使物嘉
> 美而會聚，故云「嘉之會」也。「利者，義之和也」者，言天能利益
> 庶物，使物各得其宜而和同也。「貞者，事之幹」者，言天能以中正
> 之氣，成就萬物，使物皆得幹濟，此明天之德也。天本無心，豈造
> 元亨利貞之德也？天本無心，豈造元亨利貞之名也？但聖人以人事
> 託之，謂此自然之功，為天之四德也。此但言元亨者，略言之也。
> 天之為道，生生相續，新新不停，故日日新也。以其自然而然，故
> 謂之道。云「深微故不可得而聞也」者，言人稟自然之性，及天之
> 自然之道，皆不知所以然而然，是其理深微，故不可得而聞也。（《論
> 語注疏・公冶長第五》，頁 43）

邢《疏》對於元亨四德與「天本無心」以下整段注語，全本於《周易正義・
乾卦・文言》中《正義》之疏語。這裡我們又再次看到邢《疏》對《五經正
義》義理上的依賴。

然而，以「元亨日新」解天道固然是何晏以降《論語》注疏者對「天道」
共同的新理解，但如何來理解這些注疏中所言「元亨日新」之意，卻仍然是

個問題。戴君仁先生即認爲，皇《疏》言孔子所稟之性與元亨日新之道合德，日日不停，新新不已，乃本於郭象的莊子意〔註35〕。

　　然「日新」之意，儒門亦有言之，如《周易・大畜・象》云：「日新其德」，《周易・繫辭上》云：「日新之謂盛德」；《禮記・大學》云：「苟日新，日日新，又日新」〔註36〕。儒門言「日新」，重在「日新」之道德意，如《易傳》所言，以「日新」爲天地生生之德的一種顯現；而《大學》所言，則重在人之行善努力不懈，近乎「不貳過」、「徙義」之意。後朱子《四書集注》屢言「日新」，亦多在此一層面言之〔註37〕。待至郭象注《莊》，亦屢言「日新」，然其所重，則在表現天地變化，新故相遞不息之意，故屢與萬物「死生」、「終始」之意相連〔註38〕。

　　其實這裡的重點，並不在於這種「元亨日新」天道性命觀的思想源頭來自老莊或《易傳》，而是他們都加入了一種新的思考視角，一種由抽象化的宇

〔註35〕戴君仁：〈皇侃論語皇疏的内涵思想〉，《梅園論學續集》（臺北：藝文印書館，1974 年 11 月），頁 134。

〔註36〕此外，《僞古文尚書》的《商書》〈仲虺之誥〉有「德日新」，〈咸有一德〉亦有「時乃日新」之語。

〔註37〕如「四端在我，隨處發見。知皆即此推廣，而充滿其本然之量，則其日新又新，將有不能自已者矣。」（《孟子集注・卷三公孫丑章句上》，頁 237）「尹氏曰：好學者日新而不失。」（《論語集注・卷十・子張第十九》，頁 189）「德者，得也，得其道一於心而不失之謂也。得之於心而守之不失，則終始惟一，而有日新之功矣。」（《論語集注・卷四・述而第七》，頁 94）「尹氏曰：德必脩而後成，學必講而後明，見善能徙，改過不吝，此四者日新之要也。苟未能之，聖人猶憂，況學者乎？」（《論語集注・卷四・述而第七》，頁 93）

〔註38〕「夫天地萬物，變化日新，與時俱往，何物萌之哉？自然而然耳。」（《莊子集釋・卷一下・内篇齊物論第二》，頁 53）「變故日新」（《莊子集釋・卷三上・内篇大宗師第六》，頁 244）「故玄同外内，彌貫古今，與化日新，豈知吾之所在也！」（《莊子集釋・卷三上・内篇大宗師第六》，頁 276）「居變化之塗，日新而無方者也。」（《莊子集釋・卷三下・内篇應帝王第七》，頁 297）「死生者，日新之正道也……明終始之日新也。」（《莊子集釋・卷六下・外篇秋水第十七》，頁 569）「變化日新，未嘗守故。」（《莊子集釋・卷六下・外篇秋水第十七》，頁 587）「更生者，日新之謂也。付之日新，則性命盡矣」（《莊子集釋・卷七上・外篇達生第十九》，頁 632）「冥然與變化日新」（《莊子集釋・卷七上・外篇達生第十九》，頁 635）「人之生，若馬之過肆耳，恆無駐須臾，新故之相續，不舍晝夜也。著，見也，言汝始見吾所以見者耳。吾所以見者，日新也，故已盡矣，汝安得有之！」（《莊子集釋・卷七下・外篇田子方第二十一》，頁 710）「因物隨變，唯彼之從，故曰日出。日出，謂日新也，日新則盡其自然之分，自然之分盡則和也。」（《莊子集釋・卷九上・雜篇寓言第二十七》，頁 947）

宙生化常則來思考的「天道」意涵。這種天道與人世善道的連結,不再是漢儒天人感應式的,而是一種縱貫式的體用架構。雖然皇侃所言,僅言天道新故變化不已,其理玄絕,就「深微」、「深遠」處著意;而邢昺所言,加入《周易正義》之疏語來強調天道「自然而然」、「不知所以然而然」這個層面,或許在相當程度上沖淡了天道玄深不可測的色彩。但以「天道」為深遠、深微,非百姓凡人所能知,乃是從《集解》到皇《疏》、邢《疏》一貫的主張。事實上,皇《疏》亦曾引及《易‧文言》中所言天道之意來解「天道」:

> 皇《疏》:利者,天道元亨利万物者也。……(注:利者義之和也)
> 義者,宜也。和者,無害也。凡人世之利,利彼則害此,非義和也;
> 若天道之利,利而無害,故萬物得宜而和,故曰義之和也。……
> (注:寡能及之)天道微妙,天命深遠,仁道盛大,非人所能知及,
> 故云寡能及之也。(《論語‧子罕第九》「子罕言利命與仁」章)

跳脫來看,魏晉以降的《論語》注疏,開始以「元亨日新」解天道,言「其理深微」,不可為凡人所知解,本身即是一個儒道思想交會下的產物。在《論語‧泰伯第八》「民可使由之,不可使知之」章:

> 《集解》:由,用也。可使用而不可使知者,百姓能日用而不能知。
> (《論語注疏‧泰伯第八》,頁71)

> 皇《疏》:此明天道深遠,非人道所知也。由,用也。元亨日新之道,
> 百姓日用而生,故云可使由之也;但雖日用而不知其所以,故云不
> 可知之也。(《論語義疏‧泰伯第八》)

> 邢《疏》:此章言聖人之道深遠,人不易知也。由,用也。民可使用
> 之,而不可使知之者,以百姓能日用而不能知故也。(《論語注疏‧
> 泰伯第八》,頁71)

「百姓能日用而不能知」,語意出自《周易‧繫辭上》,《集解》、皇《疏》與邢《疏》皆沿襲此意以解本章,唯皇《疏》加入此乃「明天道深遠,非人道所知也」,將天道與人道區分開來,並以「元亨日新之道」疏解「天道」。「元亨日新」解天道,出自《易傳》,前已言之。區分「天道」、「人道」,亦是《易傳》中已有之觀念。《論語》中夫子所言「道」,主於人事,未有「天道」、「人道」之別,但實自何晏《集解》始,對《論語》「道」之詮釋早已不囿於人事

層面，皇《疏》明確提出「天道」，「人道」之別，乃反映時代思潮之所趨。

　　「天道」之幽遠玄妙，正因其不唯寓含天地萬有變化相生相嬗之理，亦爲其形上根源所以然之本體。唯天生聖人，受之於天，稟氣之醇清而生者，其性與天道合其德致，乃可全體了悟體解。此一無形無名之天道玄理，固非現象界相對之名言所可詮解，故唯聖人體之以行化天下，成聖王之治。落實於人世，即是世代相承的「先王之道」。

三、「人生得在世，皆由先王道理而通」

　　「道」所流露之形上本體意，僅是這些《論語》注疏中解「道」的一個側面，事實上，在注文與疏文中，不難找到立足儒學本意自「人道」層次論「道」之注語，並且在數量上，遠大於涉入形上道體層面之注語。

　　一方面來說，任何經典的詮釋都無法脫離文本本身所帶有的性質，《論語》言「道」，本立足於人事層面，故自《集解》以至皇《疏》、邢《疏》，皆未能背離此一層面。另一方面，從魏晉以降的玄學思潮，從來就不是以反對儒學人倫價值爲起點的；恰恰相反的是，如何融通自然與名教，如何讓「必然」的「自然之理」與「應然」的「人文之理」相結合，才是玄學思考的重點。

　　換句話說，玄學思想的起點，並不是要去反對或毀棄儒學的倫理價值，而是去思考、探尋倫理名教背後的所以然與根源，是一種由體用觀點切入，去關懷世間種種名相表現形上根源的新思考模式。

　　首先從《集解》開始看，《集解》言形上天道的注語本就不多，相對來講，以「善道」、「仁道」與「道德」解「道」的篇章就顯得較爲普遍。不過這些篇章，多數見於何晏所引漢晉舊注，而非何晏本身所下注語〔註39〕，可見《集

〔註39〕「先能事父兄，然後仁道可大成。」(《論語注疏・學而第一》「孝弟也者其爲仁之本與」，頁5)「孔曰：仁道至大，不可全名也。」(《論語注疏・公冶長第五》「孟武伯問子路仁乎」，頁42)「包曰：仁道不遠，行之即是。」(《論語注疏・述而第七》「子曰仁遠乎哉我欲仁斯仁至矣」，頁64)「鄭曰：言子張容儀盛而於仁道薄也。」(《論語注疏・子張第十九》「曾子曰堂堂乎張也難與並爲仁矣」，頁172)「善道有統，故殊塗而同歸，異端不同歸也。」(《論語注疏・爲政第二》「子曰攻乎異端斯害也已」，頁18)「包曰：求善道而學行之，則人知已。」(《論語注疏・里仁第四》「子曰不患無位患所以立」，頁37)「包曰：忠告以是非，告之以善道，導之不見從，則止。」(《論語注疏・顏淵第十二》「子貢問友子曰忠告而善道之」，頁110)「包曰：狂者進取於善道。」(《論語注疏・子路第十三》「子曰不得中行而與之必也狂狷乎」，頁118)「孔曰：有道，有道德者。」(《論語注疏・學而第一》「就有道而正焉」，頁8)「包曰：

解》對於這個部分，應以承襲舊說爲主。這也就是爲什麼《集解》中那少數由何晏所自下並涉入形上天道層次的注語會被認爲是那麼的重要，因爲那正是代表了時代思潮新趨勢的重要指標。

《集解》關於人道層次的注語發揮有限，而皇《疏》所言人道意涵，則蘊含有二值得重視之特點：一是言「人道」每與「理」相連結，二則是強調「先王之道」。與「理」結合的部分下一節中會再討論到，這裡先看有關「先王之道」的部分。《集解》注言「先王之道」，亦有二章：其一見於〈雍也〉「中庸之爲德也」章：「庸，常也。中和可常行之德，世亂先王之道廢，民鮮能行此道久矣，非適今。」其二則爲〈先進〉「吾與點也」章，注「風乎舞雩，詠而歸」句曰：「歌詠先王之道而歸夫子之門。」但「先王之道」在皇《疏》中，卻凡有 11 見之多，這不得不引起我們相當的注意。

「先王之道」一詞，本見於《論語·學而第一》「禮之用，和爲貴，先王之道斯爲美」章本文，皇侃對此章疏曰：

> 先王，謂聖人爲天子者也；斯，此也。言聖天子之化行禮，亦以此
> 用和爲美也。（《論語義疏·學而第一》）

在本章夫子所言中，實已蘊含「先王之道」與「禮樂」之連結，故皇《疏》所注，亦循順此一脈絡。而在他章中，皇《疏》更有直接以「禮」釋「道」者，如〈衛靈公〉「師冕見」章，孔子言：「固相師之道也」句下，皇《疏》曰：「道猶禮也。」在〈泰伯〉「曾子有疾」章，對曾子所言：「君子所貴乎道者三」，皇《疏》云：「道猶禮也，言君子所貴禮者有三事也。……」事實上，此一概念實爲皇疏中用以詮釋夫子之道的另一軸心。

此既爲孔子之所力學者，亦爲孔門弟子所共同傳授之大道，故皇《疏》屢以此釋孔門弟子相與詠歌之內容，在〈先進〉「吾與點也」章，釋「風乎舞雩，詠而歸」曰：「浴竟涼罷，日光既稍晚，於是朋友詠歌先王之道，歸還孔子之門也。」〈陽貨〉「子之武城，聞弦歌之聲」引江熙云：「小邑但當令足衣食教敬而已，反教歌詠先王之道也。」此處以「先王之道」釋詠歌之內容，實可與皇《疏》中自政治教化面以釋詩樂之相關篇章相連結，此亦與皇《疏》中對文學藝術乃至經史諸子之相關態度相呼應。

德謂道德」（《論語注疏·爲政第二》「道之以德」，頁 16）「包曰：此勸人進於道德」（《論語注疏·子罕第九》「子曰譬如爲山」，頁 80）

更進一步說，此「先王之道」，不僅是君子人所當實踐以立身之綱常「正道」，更重要者，乃是文武先聖透過六經典籍所留存以導化眾民，是人君所當遵行以安邦定國之大道。君子人所當自勵實踐者，乃此一「正道」、「正理」，而此即爲先王所制以導化萬民，條理天下之禮樂大道，人唯循此道理，乃能通行於天地間。

> （「誰能出不由戶，何莫由斯道也」）道，先王之道也。人生得在世，皆由於先王道理而通，而世人多違理背道，故孔子爲譬以示解時惑也。言人之在室，出入由戶而通，亦如在世由道理而生，而人皆知出室由戶，而未知在世由道，故云：「誰能出不由戶，何莫由斯道也。」……故范寧云：「人咸知由戶而行也，莫知由學而成也。」（《論語義疏・雍也第六》）

以「通」解「道」，是皇《疏》對「道」最具體的定義，而這裡皇侃則是直接告訴我們，此一「通物之道」，論其具體內涵，即是先王相傳以致太平之道。而在「中庸之爲德」章，皇《疏》曰：

> 言中和可常行之德，是先王之道，其理甚至善，而民少有行此者也已。（《論語義疏・雍也第六》）

此一中正之道，正唯君子人所當力學不倦以行之者，是以皇疏中所言及「先王之道」，有相當多的章節與「學」相連結。

> （學而時習之）謂爲學者，《白虎通》云：「學，覺也，悟也。」言用先王之道，導人情性，使自覺悟也，去非取是，積成君子之德也。……言古之學者爲己，己學得先王之道，含章內映，而他人不見知，而我不怒，此是君子之德也。（《論語義疏・學而第一》）

> （「默而識之，學而不厭」）學先王之道而不厭止也。（《論語義疏・述而第七》）

> （「篤信好學，守死善道」）此章教人立身法也，令篤厚於誠信，而好學先王之道也。（《論語義疏・泰伯第八》）

> （「古之學者爲己，今之學者爲人」）古人所學己未善，故學先王之道，欲以自己行之，成己而已也，（《論語義疏・憲問第十四》）

溯其源由，〈子張〉篇「仲尼焉學」章，子貢即以此「文武之道」答孔子之所學，蓋爲其所本：

> 子貢答稱仲尼必學也，將答道學，故先廣引道理也。文武之道謂先王之道也，……既未廢落墜地，而在於人所行也。既猶在人所行，人有賢否，若大賢者，則學識文武之道大者也；不賢者，則學識文武之道小者也。雖大小有異，而人皆有之，故曰莫不有文武之道也。
> （《論語義疏・子張第十九》）

「文武之道」即「先王之道」也，故〈述而〉「述而不作，信而好古」章復釋孔子之所好之「古」：

> 言己常存于忠信，而復好古先王之道，故曰「信而好古」也，所以〈中庸〉云：「仲尼祖述堯舜，憲章文武。」是也。（《論語義疏・述而第七》）

另外，在《論語・里仁第四》「子曰：朝聞道，夕死可矣」章：

> 《集解》：言將至死不聞世之有道。（《論語注疏・里仁第四》，頁 37）

> 皇《疏》：歎世無道，故言假使朝聞世有道，則夕死無恨，故云可矣。欒肇曰：道所以濟民，聖人存身，爲行道也。濟民以道，非爲濟身也。故云誠令道朝聞於世，雖夕死可也。傷道不行，且明己憂世不爲身也。（《論語義疏・里仁第四》）

此章皇侃獨引欒肇以申注義，較之宋儒更重視「道」在人世社會的濟民之用，也更貼近孔子強調「天下有道」的信念。邢《疏》承襲《集解》與皇《疏》之說，亦以「聞道」爲「聞世之有道」（《論語注疏・里仁第四》，頁 37）。相對於此，朱子《集注》言：

> 道者，事物當然之理。苟得聞之，則生順死安，無復遺恨矣。朝夕，所以甚言其時之近。程子曰：「言人不可以不知道，苟得聞道，雖死可也。」又曰：「皆實理也，人知而信者爲難。死生亦大矣！非誠有所得，豈以夕死爲可乎？」〔註40〕

「聞世之有道」與個體自身「知道」間實有差距，前者以得見天下太平爲人

〔註40〕《四書章句集注》（臺北：大安出版社，1996 年），頁 95。

生最大心願與目標，後者則以個體之體悟究極境界爲終極理想。這裡可以看出皇《疏》與邢《疏》的思考出發點，仍是一居上以統民的「執一統眾」聖王形象。

　　《集解》、皇《疏》與邢《疏》的共同信念是，夫子所屢言之「道」，落實於人界，必是一可具體實行，規模完備之政治教化大道。所以我們看到皇《疏》中所解「仁」，皆強調其施行於世，惻隱濟世之意。皇侃心中的孔子聖人，除了老莊玄妙化不可以凡智忖度的這一面外，另一面則是一行教濟世之聖王，是有聖君之德，而未能居天子之位的無位聖王。相對於我等凡夫，聖人與天道合德，不可知測；但就孔子本身來說，必時刻以引導天下回歸太平爲己任，其所欲行於世之道，即古聖先王所以得至太平之道，孔子之「聖」，實未脫離「王」的含意。雖不得位，不損其所體、所知、所得、所行「應王」的意義。是以其所言「道」，必含有「王」的含意，其心之所願，必時刻含有「王」的關懷（即如何使「天下有道」的關懷）。相對來講，並不是說到了理學中就沒有這個層面，僅僅是說，在理學思想家心中的孔子，其所以爲「聖」，是出於一種對究極至理的體悟與合一。這種對至理的體悟成爲超越一切的最高實現，倫理的、具體的人道層面，完全與形上本體天道合和爲一，倫理成爲天道的內涵，而倫理與政道的意義也同時被吸納，消融進天道的究極意義中了。個體的至極體現，超越了，或者說涵蓋了大群體的共同福祉，個體的「得道」成爲一切眾生的共同目標與義務。所以聖人不但可學，而且應學，當人人皆體道、知道以至「聖」之時，亦即是「天下有道」之時。聖人不再是介於天人之際，玄妙難知的理人倫之主，而是人人皆應引以行之之普世典範。

　　統合以上之二層次，我們可以說，此即皇《疏》中對「天道」、「人道」的雙向詮解，亦爲魏晉以降儒玄佛調和者之共同趨向。亦即皇《疏》在〈泰伯〉「民可使由之，不可使知之」章對於「天道」、「人道」所做出之分殊：「此明天道深遠，非人道所知也。由，用也。元亨日新之道，百姓日用而生，故云可使由之也。但雖日用而不知其所以，故云不可知之也。」

　　考論皇《疏》中所論「道」之篇章，此二層次實爲其並存之兩軸：前一層次，乃皇《疏》吸收魏晉以降玄學發展之新趨勢，亦爲其每被批評爲「好玄言」、「多玄虛之語」之焦點，故早期研究皇《疏》義理架構者多著意於此一面相，特別在其所雜入與匯集之玄佛形上本體層次方面之論述；至若後一

層次，或可謂皇《疏》不離儒學本色之表現，近來已有研究者留意〔註41〕。
強調前一部份者，多批判皇《疏》等魏晉南北朝《論語》學玄學化之面相，
若將焦點放在後一部份，則又或力讚皇《疏》仍力守儒學本色之努力。實則
持平來看，此二面相在皇《疏》中皆有值得注意之表現。

第二節　論「理」

一、「理」概念的發展

在討論「道」之「通物」意涵時，筆者曾經提及郭象《莊子注》有：「道
能通物，物各當理」之語，這裡點出很重要的一點：「道能通物」與「物各當
理」乃是兩個息息相關的概念。以「通物」解「道」，象徵了一種對「道」之
意涵的新理解，這和「理」概念的上升，是同一種思維轉向脈絡下的產物，
接下來我們就進一步來討論這一點。

在何晏《集解》中，已有「通於物理」一詞的出現，在〈雍也〉「賜也達，
於從政乎何有」章，《集解》云：「孔曰：達謂通於物理。」皇《疏》與邢《疏》
亦皆承襲此意以「通達於物」來解「達」之意。《周易正義》中也有「通達」、
「通曉」於「物理」之說〔註42〕，這裡我們又再次看到皇《疏》、邢《疏》與
《周易正義》義理的互相呼應。除了「通達於物理」，皇《疏》亦言：「通達
於事理」：

> （無欲速，無見小利）若不安緩，每事而欲速成，則不通達於事理
> 也。（《論語義疏‧子路第十三》）

前文已討論過，從皇《疏》、《五經正義》到邢《疏》，以「通」言「道」，是
他們理解「道」之意涵的共同看法，此處我們又看到他們都出現了「通達」
於「事理」或「物理」之說，這並非偶然。以「通」言「道」，表現出一種對
事物背後共同形上本根的探尋，但這不是一種物像表面形象的把握而已，而

〔註41〕見高荻華：《皇侃論語集解義疏研究》（同註12），第四章「論『道』與『德』」，
　　　　頁101～142。高君此文部分論點，頗發前人所未見，然其僅專注於皇《疏》
　　　　中對「先王之道」與立身之道的相關論述，對於《疏》文中其他眾多涉及「天
　　　　道」玄理之篇章，則未有著墨。
〔註42〕《周易注疏‧卷一‧坤卦》有「通於物理」、「通達物理」、「通曉物理」之語
　　　　（頁20～21）；《周易注疏‧卷三‧剝卦》亦言：「君子通達物理」（頁63）。

必須是一種「所以然」與「必然」理則的探尋。這其中所透露出來的觀念，是相信世間所有名相事物的變化與運行，皆應有其「理」。此處「理」帶有事物規範與法則的含意，是故若能馴順此「理」而行，則不僅於人世所行無礙，亦乃符合德行善道之典範。但更值得注意的，是皇《疏》中除了言「物理」外，更多的是可以看到「事」與「理」的連結：

> （子曰：夫人不言言必有中）言子騫性少言語，言語必中於事理也。
> （《論語義疏・先進第十一》）

> （賜不受命而貨殖焉，億則屢中）又一通云：雖不虛心如顏，而憶度事理必亦能每中也。（《論語義疏・先進第十一》）

> （或曰：以德報怨何如）或人問孔子曰，彼與此有怨，而此人欲行德以報彼怨，其事理何如也？（《論語義疏・憲問第十四》）

> （季氏將伐顓臾）孔子廣陳事理也。（《論語義疏・季氏第十六》）

「事理」一詞，在秦漢時期較爲少見。先秦諸子言「理」，多偏主於「物」之「理」而言，如《莊子・外雜篇》：「物成生理謂之形」（〈天地〉），「萬物殊理」（〈則陽〉），「萬物之理」（〈天下〉），「天地之理」（〈天下〉）；《荀子》：「凡以知，人之性也；可以知，物之理也。」（〈解蔽〉）《韓非子》：「理者成物之文也。」（〈解老〉）……等。從「物理」的觀點出發，意識到經驗界與現象界的發展有其客觀法則與生成原則，由此引伸至人事，人之行爲表現也自有其準則。於是進入漢代，「理」與「（人）事」的連結越來越多，「理」的概念逐漸上升，成爲溝通自然界與倫理界的橋樑。

眞的大量使用「事理」，其實要到魏晉，特別是王弼注《易》、《老》、《論語》，大量援用「理」以解「道」，甚而提出「理」、「事」對立之說，如《周易・睽卦》：「象曰：上火下澤，睽；君子以同而異。」王弼注曰：

> 同於通理，異於職事。〔註43〕

「通理」這個詞與「職事」相對，相當值得重視。王弼注《易》，多次言及「通理」〔註44〕，這正好呼應了前文中對「道」、「理」與「通」間意涵聯繫的討

〔註43〕《周易注疏・卷四・睽》，頁91。
〔註44〕按「通理」一詞，本出於《周易・坤卦・小象傳》解六五爻辭「六五，黃裳元吉」曰：「君子黃中通理，正位居體。」王弼注《易》，屢用「通理」一詞，

論。此外，《論語義疏》引王弼注〈里仁〉「吾道一以貫之」章曰：

> 貫，猶統也。夫事有歸，理有會，故得其歸，事雖殷大，可以一名
> 舉；總其會，理雖博，可以至約窮也。（《論語義疏‧里仁第四》）

玄學思想所以異於漢學的最大差異，是相信在宇宙萬象繁複流變的背後，必定有一個根本的原理存在。這根本的原理，是眾事理之上最究極的本理，也就是至簡不二的法門，制動御繁的宗主——眾物因之而存，百動因之而運。有了這個「至簡不二」，「制動御繁」的本理為中心，宇宙萬象才會顯出「繁而不亂」，「眾而不惑」的統貫秩序〔註45〕。也就因為有這個共通的根本原理存在，萬物的溝「通」與聖人的統「本」、舉「一」也才成為可能。這是出於一種對世間繁複與差別事相的本體超越思考，所衍生出的「崇本息末」，以「通理」統會「職事」的體用本末觀。

理事觀念在魏晉六朝的持續發展，讓皇侃《義疏》中進而出現「理事不惡」之說：

> （子謂韶盡美矣又盡善也，謂武盡美矣未盡善也。）此詳虞周二代樂
> 之勝否也。韶，舜樂名也。夫聖人制樂隨人心而為名，韶，紹也。天
> 下之民，樂舜揖讓紹繼堯德，故舜有天下而制樂名韶也。美者，堪合
> 當時之稱也；善者，理事不惡之名也。夫理事不惡，亦未必會合當時，
> 會合當時亦未必事理不惡，故美善有殊也。韶樂所以盡美又盡善，天
> 下萬物，樂舜繼堯，從民受禪，是會合當時之心，故曰盡美也。揖讓
> 而代，於事理無惡，故曰盡善也。（《論語義疏‧八佾第三》）

此章《集解》注語本極平實，僅就舜以至德受禪與武王以征伐取天下，一德一力之別注解「未盡善」之意〔註46〕，但皇侃《義疏》中卻出現「理事不惡」之說。

並有四見。除《周易‧暌》「同於通理，異於職事」注文外，尚有：一、《周易‧坤‧六五注》：「夫體无剛健，而能極物之情，通理者也。」二、《周易‧噬嗑‧九四注》：「噬乾肺而得剛直，可以利於艱貞之吉，未足以盡通理之道也。」《周易‧鼎‧六五注》：「居中以柔，能以通理。」

〔註45〕林麗真：〈王弼《論語釋疑》中的老子義〉，《書目季刊》第二十二卷第三期（民國七十七年十二月），頁45。

〔註46〕《論語集解》：孔曰：「韶，舜樂名。謂以聖德受禪，故盡善。」孔曰：「武，武王樂也。以征伐取天下，故未盡善。」（《論語注疏‧八佾第三》，頁32）

　　「事理」一詞，何晏《集解》尚未可見，但從秦漢以來現存的文本中，已經可以找到以「理」、「事」互訓之例：在〈樂記〉「樂也者，情之不可變者也；禮也者，理之不可易者也」條下，鄭玄注曰：「理，猶事也。」〔註47〕但鄭玄所言，其實是以「事」解「理」，也就是說，「理」為「事」之「理」（條理），但以「理」作為「事」之所以然的先在性與絕對性意涵，卻並沒有被表述出來。

　　換句話說，「理」、「事」的連結本非自魏晉始，但魏晉學者言「理」與「事」，實已超越前代所言之意。魏晉言「事理」，是以「理」去言述事物之所以然與必然，故所為若「當理」，則「事跡」必無虧〔註48〕，「理」不僅作為「事」之「所以然」，同時具有「應然」與「必然」之意。循著這種思想脈絡再進一步發展，就產生《論語義疏》卷首的皇侃敘文中這樣的理事架構表述：

> 一云倫者，次也。言此書事義相生，首末相次也。二云：倫者，理也。言此書之中，蘊含萬理也。三云倫者，綸也。言此書經綸今古也。四云倫者，輪也。言此書義旨周備，圓轉無窮，如車之輪也。……字作論者，明此書之出不專一人，妙通深遠，非論不暢；而音作倫者，明此書義含妙理，經綸今古，自首臻末，輪環不窮。依字則證事立文，取音則據理為義，義文兩立，理事雙該，圓通之教，如或應示。故蔡公為此書為圓通之喻。……而今不曰「語論」而云「論語」者，其義有二：一則恐後有穿鑿之嫌，故以語在論下，急標論在上，示非率爾故也；二則欲現此語非徒然之說，萬代之繩準，所以先論，已備有圓周之理，理在於事前，故以論居語先也。

這裡所說的「理事雙該」與「理在於事前」，和華嚴宗理事觀思想間的關係，或許可再作考索。但不論如何，在南北朝時代，「理」、「事」範疇的不即不離意涵，似乎已經開始初步透顯出來了。「理」與「事」從體用層次上來說，是有所區隔的，「理」是「事」之所以然與規律，「理」規範著事物的運行，指導著事物的發展，但卻與事物分屬不同的層次：「理」先在於「事物」，並且不等同於事物。所以我們可以看到，「理」、「事」常常連言，亦常常對舉。正如皇《疏》所說的：「善者，理事不惡之名也」，「善」不僅是行事不惡，更必

〔註47〕《禮記注疏・卷三十八・樂記》，頁684。
〔註48〕《論語義疏・堯曰第二十》「章旨」曰：「去留當理，事跡無虧。」《論語義疏・憲問第十四》「或問子產子曰惠人也」章：「伯氏食邑三百家，管仲奪之使至疏食而沒齒無怨言，以其當理也。明管仲奪之當理，故不怨也。」

須是事理不惡，事理皆得乃爲「善」，正如「行事得理」乃爲「德」一樣：

> （據於德）據者，執杖之辭也。德謂行事得理者也。行事有形，有
> 形故可據杖也，前事有涯，故云有形也。（《論語義疏・述而第七》）

以「行事得理」釋「德」，這是在道德行爲之上，追尋一永恆的法則與規範，「理」不但爲萬物萬事之「所以然」與「必然」，亦爲人所當行之「應然」矣。

皇《疏》中關於「理」概念的相關疏文蘊含了這麼多豐富的意涵，相對於此，邢《疏》中卻不再有這麼多「理」、「事」相關意涵的疏文，特別是像「理事不惡」、「理事雙該」與「理在於事前」這樣似乎雜染有佛學理事觀念的用語，皆不復見。甚至對「德」的定義也由「行事得理」轉爲「物得其所」（又一個結合玄儒思想概念的例證）。和孔穎達編纂《五經正義》相似的是，邢《疏》對於排除佛學思想的意識，較之排除道家或玄學思想的意識強烈許多，至少在關於「道」概念的本體論部分，邢《疏》並未以老莊玄學虛無道體不合於儒門本意而加以排斥。這不僅反映出即使到了宋初，儒學在這個領域的空白與亟待建構，也再一次向我們展現，透過以《周易》爲橋樑，儒道思想的交錯融會是如何爲魏晉以至宋代的儒門士子所接受。邢《疏》所走的路線，正是從王弼到韓康伯、孔穎達所走的路線，而皇《疏》受到所處時代思潮趨勢的影響，交雜以佛學，反而成爲其中的異數。雖然持平而論，《五經正義》與邢《疏》中佛學思想的影響，當然還是存在的，只是在他們有意識的抑制下，只能成爲一種隱性的存在〔註49〕，像皇《疏》這樣明確的雜以佛學思想〔註50〕，在《五經正義》與邢《疏》中已相當難找到了。這不僅反映出在皇《疏》所處的時代，佛學思潮的影響有多麼強大，並且也反映出梁朝經學界對吸收佛學思想的態度，相對於其後的唐代與宋代，顯得如何相對突出。這或許和他們所處時代朝廷對三教的態度也有相當關連（唐代與宋初道教思想在朝廷的影響力是相當大的）。

〔註49〕 關於孔穎達對佛學思想之態度與其經注和佛學思想間之關係，可參考龔鵬程：《孔穎達周易正義研究》第五章〈陸、與佛教之關係〉（臺北：國立臺灣師範大學國文研究所，黃錦鋐指導，1979年），頁201～219。

〔註50〕 皇《疏》中其他明確雜以佛學觀念與術語的例子，如以周孔之教乃「外教無三世之意。……唯說現在，不明過去未來」（〈先進〉「季路問事鬼神」章）。參見董季棠：〈評論皇侃義疏之得失（下）〉「以佛家之說解經」，《孔孟學報》第二十九期（1974年10月），頁184～185。部分關於義理與思想觀念的部分我們在其他章節還會再討論到。

這讓我們再一次體會到，《五經正義》編排時在思想義理上的取捨，對其後中國儒學思想發展的影響，確乎不可小視。另一方面，不論是《五經正義》或是邢《疏》，這種納玄而排佛的明顯意識，所反映出來的民族意識與儒學融通三教觀點所經歷的思想過程，亦值得重視。

不論如何，回到本章所討論的主題，至少可以肯定，在皇《疏》時代，關於「理」之意涵的思考是一個多麼受到關注的概念，這也印證了前輩學者早已注意過的，魏晉六朝對於中國思想史中「理」思想脈絡發展所扮演的重要角色。以下就再針對這個部分多作一些討論。

二、「理」與「道」的連結

《集解》中言及「理」概念的注語並不多，但也出現了初步「理」與「道」連結的注語，如「哀公問弟子孰爲好學」章，《集解》曰：「凡人任情，喜怒違理，顏回任道，怒不過分。……怒當其理，不移易也。」（《論語注疏·雍也第六》，頁 51）「子路遇丈人以杖荷蓧」章，《集解》曰：「包曰：倫，道理也。」（《論語注疏·微子第十八》，頁 166）「君子不重則不威」章，《集解》曰：「既無威嚴，學又不能堅固識其義理。」（《論語注疏·學而第一》，頁 7）。到了皇侃《義疏》中，「理」字出現的頻率就大大增加了，特別是「道理」連言的注語相當常見：

> （「富與貴是人之所欲也，不以其道得之，不處也」〔註51〕）然二途雖是人所貪欲，要當取之以道則爲可居，若不用道理而得則不可處也。（「貧與賤是人之所惡也，不以其道得之，不去也」）若依道理，則有道者宜富貴，無道者宜貧賤，則是理之常道也。今若有道而身反貧賤，此是不以其道而得也。雖非我道而招此貧賤，而亦安之若命，不可除去我正道而更作非理邀之，故云不去也。（《論語義疏·里仁第四》）
>
> 李充曰：……君子之人若於道理宜爾，身猶可亡，故云可逝。逝，往也。若理有不可，不肯陷於不知，故云不可誣罔令投下也。君子

〔註51〕此章斷句依文意，「得之」應從下讀（宋·俞琰《書齋夜話》已有辯證），故本文頁 59 註 1、頁 60 註 3「得之」皆從下讀，然此處皇《疏》所解既屬上讀，故亦依之從上讀。關於此章「得之」上讀下讀之異，見程樹德：《論語集釋》（北京：中華書局，1990 年 8 月），卷八〈里仁上〉，頁 232。

不逆詐，故可以闇昧欺；大德居正，故不可以非道罔也。（《論語義疏・雍也第六》「宰我問井有仁」章）

（注：包曰：「倫，道理也」）大倫，謂君臣之道理也。又言汝不仕濁世，乃是欲自清潔汝身耳，如亂君臣之大倫何也。又言君子所以仕者，非貪榮祿富貴，政是欲行大義故也。（《論語義疏・微子第十八》「子路遇丈人以杖荷蓧」章）

前文已提及，在《論語》中「道」字單用幾乎皆指正面意義下人世間所應遵循之常則，在《義疏》中，皇侃用「道理」或「理之常道」來凸顯此層含意，在《論語》中「道」所蘊含的正面含意，在《義疏》中轉以「理」來詮解。更明顯的是以「理之正」或「正理」來注解君子所應行之「道」：

答春秋之書非復常準，苟取權宜，不得格於正理也。（《論語義疏・里仁第四》「事父母幾諫」章）

君若有道，必以正理處人，故民以可得嚴屬其言行也；君若無道，必以非理罪人，故民下所行乃嚴屬，不同亂俗而言不可屬，屬必獲罪，當遜順隨時也。（《論語義疏・憲問第十四》「邦有道，危言危行」章）

君子權變無常，若爲事苟合道，得理之正，君子爲之，不必存於小信，自經於溝瀆也。（《論語義疏・衛靈公第十五》「君子貞而不諒」章）

爲事苟「合道」則可「得理之正」，而有道之君，亦「必以正理處人」。所謂的「理之正」、「正理」，已成爲「道」的內涵，亦成爲行道的準則。另一個顯明的例子是在「君子博學于文，約之以禮，亦可以弗畔矣夫」章，這裡所謂「弗畔」，究竟所指何義？《論語》留下詮釋的空間。此章在《論語》中凡兩見，在《集解》中，何晏皆僅引鄭玄《注》曰：「不違道。」在《義疏》中，則一注「不違背於道理」（〈顏淵〉），一注「不違背正理」（〈雍也〉），兩相對照，很顯然的，在皇侃的觀念中，「正理」與「道理」幾乎是兩個可相等同的概念。

《論語》中言「道」而不言「理」；在《集解》中「道」與「理」連結而言僅一見，對舉亦僅一見；到了皇侃《義疏》中，「道」作爲世間所應循行的法則意義，幾乎全以「理」之常則意涵來詮解，這其中所表現出來的，正是「理」之概念的上升。除了與「道」連言，「理」亦或稱爲「義理」，「義理」亦即「道理」：

（子曰：君子不重則不威，學則不固）言君子不重，非唯無威，而
學業亦不能堅固也，故孔後注云：「言人不敢重，既無威，學又不能
堅固識其義理也。」侃案：孔謂固爲弊，弊猶當也。言人既不能敢
重，縱學亦不能當道理也，猶詩三百一言以蔽之蔽也。（《論語義疏‧
學而第一》）

（子曰：吾與回言終日，不違如愚，退而省其私，亦足以發。）發，
發明義理也。言回就人衆講説，見回不問，如似愚人。今觀回退還
私房與諸子覆述前義，亦足發明義理之大體，故方知回之不愚也。
（《論語義疏‧爲政第二》）

（子張曰：士見危致命）士者知義理之名。（《論語義疏‧子張第十九》）

這種以「義理」、「道理」、「正理」解夫子之「道」的說法，基本上在邢《疏》
中仍然延續了下來（雖然在數量上沒有皇《疏》所使用的那麼頻繁），顯然「理」
範疇的上升已是一無法停歇的趨勢。

《論語》原文，「理」字並無一見，以「理」釋「道」，以「理」代「天」、
代「命」，爲宋儒（尤其是程朱一脈）與孔孟儒學之一大差異與發展〔註52〕，
亦是其爲清儒所極力抨擊之處，然溯其源頭，魏晉之際已發其端倪，王弼注
《易》、《老》、《論語》，郭象注《莊》，皆已表現出此一趨向〔註53〕，在皇侃
《論語義疏》與邢昺《論語正義》中，也同樣能看到此一趨勢，這其中所蘊
含的意義，值得探討。

三、「統本」與「理極」

縱貫式的體用思維，乃玄學思想之特色，「本」，「末」之說，爲玄學所強
調。歷來研究者皆注意到皇《疏》中屢見「舉本統末」之說，此爲魏晉精神

〔註52〕錢穆先生於此多有論及：「孔孟所講主要在『道』，程朱所講主要在『理』，……
整個先秦乃至兩漢，亦都講『道』，莊子較多講到『理』，韓非、荀子亦偶爾
提到『理』，漢代人或把『理』即注作『道』。但自魏晉南北朝下迄隋唐而至
宋明，便轉而多講『理』。」〈程朱與孔孟〉，《中國學術思想論叢（五）》（臺
北，蘭台出版社，2000 年 11 月），頁 284。

〔註53〕關於魏晉時期，王弼、郭象以「理」之概念重新詮解先秦經典的表現，可參
考錢穆：〈王弼郭象注易老莊用理字條錄〉，《莊老通辨》（臺北：東大圖書公
司，1991 年 12 月），頁 367，頁 403。

之一顯明表徵〔註54〕，固沿襲自時代精神無疑，但落實於《論語》注疏中，對於「本」、「末」意涵之詮釋，實亦未全然偏落於玄學一義。《論語集解》中已有「統本」之說：

> 《集解》：（子曰：攻乎異端斯害也已）攻，治也。善道有統，故殊塗而同歸，異端不同歸也。（《論語注疏·爲政第二》，頁18）

> 《集解》：（子曰：「賜也！女以予爲多學而識之者與？」對曰：「然。非與？」曰：「非也，予一以貫之。」）善有元，事有會，天下殊塗而同歸，百慮而一致，知其元則衆善舉矣，故不待多學而一知之。（《論語注疏·衛靈公第十五》，頁137）

「殊塗而同歸，百慮而一致」出於《周易·繫辭》：「天下同歸而殊塗，一致而百慮」，而「善有元」則出於《周易·乾·文言》，這裡我們再次看到援引《易傳》以詮釋《論語》之例。《集解》言「統」，又言「知其元則衆善舉矣」，已然是出一種「統本」的體用概念，但落實在「善道有統」層面中，其所以「統」之者何？卻可再加以追問，對此皇《疏》在「攻乎異端」章疏曰：

> 皇《疏》：此章禁人雜學諸子百家之書也。攻，治也。古人謂學爲治，故書史載人專經學問者，皆云治其書、治其經也。異端謂雜書也，言人若不學六籍正典，而雜學於書史百家，此則爲害之深，故云攻乎異端斯害也已矣。「斯害也已矣」者，爲害之深也。（注：善道有統，故殊塗而同歸，異端不同歸也，）「善道」即五經正典也。「有統」，統，本也。謂皆以善道爲本也。「殊途」謂詩書禮樂爲教也途不同也。「同歸」謂雖所明各異端，同歸於善道也。諸子百家竝是虛妄，其理不善，無益教化，故是不同歸也。（《論語義疏·爲政第二》）

以「統」爲「本」，已表現出一種體用本末概念，但更引人注目的是，此處言「本」，並非指玄學之「無體」或「道體」，而是以「五經正典」爲內涵的「善

〔註54〕《論語義疏·八佾第三》「林放問禮之本」章：「王弼云：時人棄本崇末，故大其能尋本禮意也。」《論語義疏·公冶長第五》「女與回也孰愈」章：「繆播曰：學末尚名者多，顧其實者寡，回則崇本棄末，賜也未能忘名。」《論語義疏·子罕第九》「吾不試故藝」章：「言我若見用，將崇本息末，歸純反素，兼愛以忘仁，遺藝以去藝，豈唯不多能鄙事而已。」《論語義疏·陽貨第十七》》「子曰予欲無言」章：「王弼云：子欲無言，蓋欲明本，舉本統末而示物於極者也。」

道」。此處所表現之正統經典觀，強硬到直斥諸子與書史百家爲「竝是虛妄，其理不善，無益教化」。這不僅表現出一種以強烈教化觀出發之立場，維護五經正典的意識更是堅決，這或許爲我們透露出即使在梁代三教思潮交會興盛時期，統一與維護經典正統的意識仍然濃烈。但皇疏此解，在文句解讀上實有誤差（「善道有本」與「以善道爲本」言近而義異），故到了邢《疏》中即作了修正，以「正經」爲「本」的態度不變，但已不言「五經正典」，而是進一步以其「忠孝仁義」與「去邪歸正」之義理精神作爲「善道」之「本」：

> 邢《疏》：此章禁人雜學。攻，治也。異端，謂諸子百家之書也。言人若不學正經善道，而治乎異端之書，斯則爲害之深也。以其善道有統，故殊塗而同歸；異端則不同歸也。（注：攻治至同歸）云「善道有統，故殊塗而同歸」者，正經是善道也，皆以忠孝仁義爲本，是有統也。四術爲教，是殊塗也，皆以去邪歸正，是同歸也。異端之書，則或粃糠堯舜，戕毀仁義，是不同歸也。殊塗同歸，是《易·下繫辭》文也。（《論語注疏·爲政第二》，頁 18）

此章注文並非孤例，在《論語·憲問第十四》「子曰：君子上達，小人下達」章中：

> 《集解》：本爲上，末爲下。（《論語注疏·憲問第十四》，頁 128）

> 皇《疏》：上達者，達於仁義也。下達，謂達於財利，所以與君子反也。（《論語義疏·憲問第十四》）

> 邢《疏》：此章言君子小人所曉達不同也。本爲上，謂德義也。末爲下，謂財利也。言君子達於德義，小人達於財利。（《論語注疏·憲問第十四》，頁 128）

「本」者，「德義」也；「末」者，「財利」也。從《集解》到邢《疏》，所言皆未涉絲毫玄意。此外，在《論語·子張第十九》「子夏之門人小子」章，對「本之則無」句，皇《疏》與邢《疏》皆曰「本謂先王之道」。以上這些篇章中對於「本」之意涵的理解，皆落實在儒門傳統之「德義」、「正經」與「先王之道」上〔註 55〕，此又再度讓我們看到六朝經傳注疏雖屢被批評爲玄學思

〔註 55〕相對於此，朱子《集注》對「君子上達」章注曰：「君子循天理，故日進乎高明；小人殉人欲，故日究乎污下。」「子夏之門人小子」章雖以「大學正心誠

想濃厚，但對儒門價值仍有相當程度之固守。

但「統本」之說最具體之發揮，乃是在「一以貫之」章。《論語》夫子言「一以貫之」凡有兩見。一是《論語・里仁第四》：「子曰：『參乎！吾道一以貫之。』曾子曰：『唯。』子出，門人問曰：『何謂也？』曾子曰：『夫子之道，忠恕而已矣。』」《集解》對此章之意無進一步注語，到了皇《疏》中乃予以發揮：

> 皇《疏》：（子曰：「參乎！吾道一以貫之」）所語曾子之言也。道者，孔子之道也。貫猶統也，譬如以繩穿物，有貫統也。孔子語曾子曰，吾教化之道，唯用一道以貫統天下萬理也。故王弼曰：「貫猶統也。夫事有歸，理有會，故得其歸，事雖殷大可以一名舉；總其會，理雖博可以至約窮也。譬猶以君御民，執一統眾之道也。」（《論語義疏・里仁第四》）

釋「貫」爲「統」，乃是試圖以哲學內涵上的體用本末關係，爲孔學建構一體用兼盡的思想架構。此一詮釋角度，影響宋代理學極深，衍至朱子，仍沿用此一「以繩穿物，有貫統也」之喻〔註56〕。此處所引王弼之語，可與其《周易略例・明象》篇與《老子・四十七章》注中的主張互相呼應〔註57〕。

「治眾者必至寡」者，眾爲分，「分」則各有其限，亦各有其理。有限有形之分必不能統眾；統眾者，唯超越分限而含括全體之「大道」。執一統眾者，必「一」也。此所謂「一」者，實爲含括眾理的本體之「全」。此一本末體用的思理方式，可謂爲程朱理學之先鋒。

然而值得注目的一點是，皇《疏》此處雖引王弼「執一統眾」之說，但其所謂「貫統天下萬理」之「一」，乃是「一道」。相對於此，我們且看邢《疏》注文：

意之事」解「本」，但其下引程子之言則曰：「聖人之道，更無精粗・從洒掃應對，與精義入神貫通只一理。」是皆涉入形上本體天理之討論矣。

〔註56〕「嘗譬之：一便如一條索，那貫底物事，便如許多散錢。須是積得這許多散錢了，却將那一條索來一串穿，這便是一貫。」《朱子語類卷第二十七・論語九・里仁篇下》（北京：中華書局，1994 年 3 月）「子曰參乎」章，頁 684。

〔註57〕《周易略例・明象》：「夫眾不能治眾，治眾者，至寡者也。夫動不能制動，制天下之動者，貞夫一者也。故眾之所以得咸存者，主必致一也；動之所以得咸運者，原必無二也。物无妄然，必由其理。統之有宗，會之有元，故繁而不亂，眾而不惑。」（同註 6，頁 591。）《老子注・四十七章》：「事有宗，而物有主；途雖殊，而其歸同也；慮雖百，而其致一也。」（同註 6，頁 126。）

邢《疏》：此章明忠恕也。……「吾道一以貫之」者，貫，統也。孔
子語曾子，言我所行之道，唯用一理以統天下萬事之理也。……忠
謂盡中心也，恕謂忖己度物也。言夫子之道，唯以忠恕一理以統天
下萬事之理，更無他法，故云「而已矣」。(《論語注疏・里仁第四》，
頁 37)

同樣是貫統天下萬事之理，皇《疏》僅曰「一道」，邢《疏》乃言「一理」，
其後朱子《論語集注》此章注云：「貫，通也。……聖人之心，渾然一理而泛
應曲當，用各不同。」邢《疏》以「一理」解「一」，可謂爲其中介。然「一
理」以統萬事之概念如何出現？魏晉六朝時期實已發其端。觀此章其下皇侃
續引王弼注，已有「理極不可二」之說：

皇《疏》：（曾子曰：夫子之道忠恕而已矣）曾子答弟子，釋於孔子
之道也。忠謂盡忠心也，恕謂忖我以度於人也。言孔子之道更無他
法，政用忠恕之心，以己測物，則万物之理皆可窮驗也。故王弼曰：
「忠者情之盡也，恕者反情以同物者也。未有反諸其身而不得物之
情，未有能全其恕而不盡理之極也。能盡理極，則無物不統，極不
可二，故謂之一也。推身統物，窮類適盡，一言而可終身行者，其
唯恕也。」（《論語義疏・里仁第四》）

「極」（或作「宗極」、「宗主」）在玄學中是一個重要概念，王弼說「體極」，
是說反本，即「以無爲用」，是全體的完全實現。

「一以貫之」之語另見於《論語・衛靈公第十五》：

「子曰：『賜也！女以予爲多學而識之者與？』對曰：『然。非與？』
曰：『非也，予一以貫之。』」

《集解》：善有元，事有會，天下殊塗而同歸，百慮而一致，知其元
則衆善舉矣，故不待多學而一知之。

皇《疏》：（子曰：「賜也女以予爲多學而識之者與？」對曰：「然，
非與？」曰：「非也，予一以貫之。」）言我所以多識者，我以一善
之理貫穿萬事，而萬事自然可識，故得知之，故云予一以貫之也。

（善有元，事有會）元猶始也，會猶終也。元者善之長，故云善有
元也；事各有所終，故云事有會也。（天下殊塗而同歸）解「事有會」

也。事雖殊塗而其要會皆同，有所歸也。（百慮而一致）解「善有元」。致，極也。人慮乃百，其元極則同起一善也。（知其元則眾善舉矣，故不待多學而一知之）是善長舉元，則眾善自舉，所以不須多學而自能識之也。

此章皇《疏》固然出現「一善之理」一詞，但所謂「一善之理」，實言「一善」而非「一理」。以一「善理」貫穿「萬事」，所謂的「理一」還是只存在人道的倫理人事層面，與統貫天下萬理的意思仍有差距；至邢《疏》之注乃直以「一理」通貫之：

邢《疏》：此章言善道有統也。……曰「非也，予一以貫之」者，孔子答言，己之善道，非多學而識之也，我但用一理以通貫之，以其善有元，事有會，知其元則眾善舉矣，故不待多學，一以知之。

先秦儒道兩家，皆相當重視把握「一」的觀念，故孔子言：「吾道一以貫之」，《老子》亦主張抱樸守真，復歸於一。衍至魏晉，發端於對漢學迷失於章句訓詁與繁瑣式宇宙生成論建構的反思，對於「執一反本」追求的呼聲遂成為六朝時代思潮的共同特色，亦成為儒釋玄彼此溝通匯貫的共同思想依據。但同樣講「歸一」、「執一」與「一本」，何以皇侃《義疏》僅曰「一道」，到了邢昺《正義》中卻言「一理」呢？這確實值得我們特加關注。

「一道」與「一理」的差別在於，行「道」必待一行道主體，而這個行道主體並不是任何個體皆可以擔任的。正如《集解》、皇《疏》與邢《疏》在「人能弘道」所共同肯定的，「才大者，道隨大；才小者，道隨小，故不能弘人。」〔註58〕夫子「人能弘道」之意，是要突出人作為行道主體的主體價值，人行之而成道，無人則道亦不可成。然而《集解》、皇《疏》與邢《疏》所理解的，是以人「才」之大小來決定「道」所能行之大小。〈中庸〉云：「苟不至德，至道不凝焉。」言非有大德者，大道亦不在其身凝聚。《周易·繫辭下》也說：「苟非其人，道不虛行。」行道者本身的修養與境界，和道之施行程度當然有密切關係，但「德」與「才」畢竟有所差距，《集解》、皇《疏》乃至邢《疏》言才不言德，已蘊含人之「才性」與「道」之連結。事實上，在魏晉思潮中，人的「才」、「德」分合本來就是一個很有討論空間的命題〔註59〕，

〔註58〕《論語·衛靈公第十五》，《論語集解》引王肅注語，頁140。
〔註59〕自曹操〈求賢令〉開始已開啟此一才德爭議之先河，後才性四本之爭論亦是

而皇《疏》中對「才」、「德」概念的理解中更往往是混雜在一起的，不僅「仁」、「知」被視爲是才性的一部份，個人所稟賦之五常氣性更是偏全不一。

皇《疏》中也引有「一極」之說：

> （子曰：有教無類）繆播曰：世咸知斯言之崇教，未信斯理之諒深。生生之類，同稟一極，雖下愚不移，然化所遷者，其万倍也。生而聞道，長而見教，處之以仁道，養之以德，與道終始，爲乃非道者，余所不能論之也。（《論語義疏・衛靈公第十五》）

「生生之類，同稟一極」，「一極」可具於每一生命個體中，然而如果每一個體皆可根據此同稟之「一極」去「貫通萬事之理」，那問題可就大了。在玄學思想中，理至雖是歸一，但這個會歸爲一之理極並非眾生共同的責任。換句話說，眞正落實下來，「執一統眾」乃是少數具有統領眾人才分者的責任。所以我們在皇《疏》中，看到的是以「一道」以統「萬事」，「一道」者，忠恕一道也：「用忠恕之心，以己測物，則萬物之理皆可窮驗也。」這是一種推心反本，窮盡體驗萬物之理，以求使物各得其本，各盡理極的理想。然而，這並非是眾人共同的修道理想，因爲這裡說的乃是「孔子之道」，孔子是聖人，只有像孔子這樣肩負有教化萬民的責任的領導者，才能行此道，故曰「譬猶以君御民，執一統眾之道也」。在玄學的體用本末思想與一多觀點間，其實含藏有一種不可抹滅的「上下階級」意識。

第三節　小結

「道」的本意，是人所行之道，具有一定方向的路，稱之爲「道」。由「所行之路」，引伸爲「所當行之路」，「道」逐漸的具有一種「應然」的含意。但如何才是人所當行之「道」，不同的學者提出不同的想法，於是我們看到先秦時代，不同的學說思想間，亦各有其不同的「道」論。在兩漢時代，對「道」的理解主要是屬於一種人世教化之道，董仲舒言「道」是「所繇（由）適於治之路，仁義禮樂皆其具也。故聖王已沒，而子孫長久安寧數百歲，此皆禮

此一才德爭議之反映。見《世說新語・文學》篇「鍾會撰《四本論》」條下劉孝標注。相關討論見唐長孺：〈魏晉才性論的政治意義〉，《魏晉南北朝史論叢》，頁298～310；陳寅恪：〈書世說新語文學類鍾會撰四本論始畢條後〉，《陳寅恪先生論文集》，頁 1299～1305。

樂教化之功也。」他對「道」的認知，是一種人世所當行以致平治之道，其具體內容，就是先聖先王所傳承以保子孫長久安寧的仁義禮樂之道。這是用歷史傳承的權威性來論證「禮樂之道」作為「應然」的必然性，和鄭玄由師儒相承的教誨之道來理解「志道」的含意相似，都是一種以人文歷史的傳承來肯定禮樂之道的「應然」意義。

然而隨著漢末禮教權威的崩毀與政治社會的動亂，這種訴諸人文歷史權威的思維無法再保有往日的威信了。與此同時，穩定有序的天人感應世界崩毀了，於是人們開始將原本固守在人文世界的關懷往外探詢，將視野投注在整個宇宙天地間，尋求一種更永恆的、更超越的究極秩序與準則。其結果就是衍生出一種對「理」概念的重視。從王弼開始，具有「所以然」、「本然」與「必然」意義的「理」，成為一個重要範疇。

先秦孔孟言「道」，講的是一種「應然」層次的問題，以「理」解「道」，是一種以「必然」（理）論述「應然」（道）的思想走向。從何晏《論語集解》到皇侃《論語義疏》，再到邢昺《論語正義》中所看到的「道」之意涵詮釋，正是這個思想演變過程的具體展現。在這中間，《五經正義》的編纂，可說是串起此一義理脈絡發展的重要中介，我們在邢《疏》中屢次看到援引《五經正義》，特別是《周易正義》與《禮記正義》的義理以解《論語》，就是一個很好的例子。

「理」概念上升的同時，對「道」的理解也同步產生變化。故王弼《老子指略》曰：「夫道也者，取乎萬物之所由也。」以「萬物之所由」言「道」，是一種將萬物涵攝進來的本體形上思考，「道」並非僅是人所行之道，亦非僅是天所行之道，而是循順一必然的理序而行之軌則與規範。所以「得道」必「當理」，必得「理之正」，而「當理」必「行事」無缺。在皇《疏》與邢《疏》中所看到的大量以「理」解「道」的疏文，並非偶然，而是時代思潮發展的真實呈現。

吾人行事應「得理」乃可「合道」，「理」所代表的意義，是萬事萬物的運行軌則，故人之所行，當合於此一天地理序，乃得其正，這裡隱含的是一天下事物皆有其理的觀念。對事物與行為的思考，逐漸的由平面的經驗界躍升到形上本體界，由人文界擴展到整個宇宙天人的大千世界，最終的體現，就是邢《疏》與《禮記正義》中那樣以「通物之名」來理解「道」之意。以「通」言「道」，所代表的是一種對世界本體與所以然的探索，這和「理」概

念的上升是兩個並行的趨勢。

　　由「道」到「理」，其間轉化過程本身即具有重要意涵。蓋言「道」者，不論其所指攝含括之內涵爲何，必待一「實踐主體」之意義則不變（此即所謂「人能弘道，非道弘人」之旨）；然言「理」者，則宇宙萬物之所生、所然，皆轉爲一天地理序規定下之必然。在皇《疏》中，開始看到「理」概念的湧現，與此同時，對「統本」與「理極」意義的追求，亦是此一時期的重要思想發展。

　　雖然如此，對於夫子「一以貫之」的詮釋，皇《疏》中畢竟只講到以「一道」貫通萬理，到了邢《疏》中，乃明確提出以「一理」貫穿萬理，這其中所代表的意義，或許就是一種由「道」到「理」的思想義理發展過程。雖然到了理學思想的顛峰期，才對「理」之意涵作了全面與更進一步的發揮，但論其端子，早已孕育於前代思想潮流中了。我們在皇《疏》與邢《疏》中所看到的，正是此一思想發展在經典詮釋過程中，所展現出來的一個側面。

第四章　皇《疏》與邢《疏》解經思想中的聖人之教

　　我們討論了這麼多解經思想中的義理觀念之後，回到整體來看，還有一個重要的層面未曾涉及，那就是作爲《論語》解經者的皇侃與邢昺，究竟是出於一種怎麼樣的詮釋角度來看待《論語》的經典意義。與此相關連的是，在視孔子爲聖人的前提下，又是以一種怎麼樣的角度來看待聖人的教化行事與體道境界？《論語》就其本身的文本性質來說，是記載孔子與弟子時人言行事蹟的總匯，作爲《論語》解經者的皇侃與邢昺，是以一種怎麼樣的觀點來詮釋並發揮其中的聖賢境界與教化觀？這是本文在最後一個章節中所想要嘗試探討的。

第一節　對《論語》與聖人意涵的新定位

一、《論語》的「圓通之教」

　　想要了解皇侃對《論語》經典意義的定位，在《論語義疏》卷首的皇侃敘文無疑是一個重要的材料：

> 一云倫者，次也。言此書事義相生，首末相次也。二云：倫者，理也。言此書之中，蘊含萬理也。三云倫者，綸也。言此書經綸今古也。四云倫者，輪也。言此書義旨周備，圓轉無窮，如車之輪也。……字作論者，明此書之出不專一人，妙通深遠，非論不暢；而音作倫者，明此書義含妙理，經綸今古，自首臻末，輪環不窮。依字

> 則證事立文，取音則據理爲義，義文兩立，理事雙該，圓通之教，
> 如或應示。故蔡公爲此書爲圓通之喻。……而今不曰「語論」而云
> 「論語」者，其義有二：一則恐後有穿鑿之嫌，故以語在論下，急
> 標論在上，示非率爾故也；二則欲現此語非徒然之說，萬代之繩準，
> 所以先論，已備有圓周之理，理在於事前，故以論居語先也。

在本段敘文中，皇侃可謂從全方位各方面論述「論語」一詞與此書所代表之意義。在《文心雕龍‧論說》篇中，其所言「論」字之意，與皇侃此敘所言即有可相通之處〔註1〕，可見正如皇侃所自敘，此乃是匯集了當時對「論語」意義的各種理解。在這種全方位的論述中，不僅讓我們看到《論語》一書在當時所受的重視，也看到《論語》意涵的擴張中，其地位的上升。

最具體的表現，就是以「圓通之教」來涵蓋《論語》與夫子之教的意義，不僅如此，皇侃敘文中更引蔡謨之喻，將《論語》與「諸典」相提並論，對其所代表的意義作了一番分殊：

> 故蔡公爲此書爲圓通之喻，云：物有大而不普，小而兼通者。譬如
> 巨鏡百尋，所照必偏；明珠一寸，鑒包六合。以蔡公斯喻，故言《論
> 語》小而圓通，有如明珠；諸典大而偏用，譬若巨鏡，誠哉是言也。

《論語》在漢代，雖因尊孔而連帶受到一定的尊重，將其與《孝經》、《爾雅》同附於《漢書‧藝文志》「六藝略」之後，作爲小學入門之初始。但終兩漢之世，《論語》皆僅被視爲「傳」，與五經六藝的權威經典地位，尚有距離。此處皇侃引蔡氏之喻，將其與「諸典」並列，並言其各有所長，甚而以《論語》之「小而圓通」，更勝於諸典之「大而偏用」，可說已初次預示了唐宋之後《論語》地位上升，並與《學》、《庸》、《孟》結合以取代《五經》成爲儒門首要經典的發展，是中國學術發展史中，經典觀轉移演變的一個重要指標。而以「小而圓通」來理解《論語》義理所代表之意義，更是總結了皇侃對《論語》

〔註1〕 《文心雕龍‧論說》：「聖哲彝訓曰經，述經敘理曰論。論者，倫也；倫理無爽，則聖意不墜。……論也者，彌綸群言，而研精一理者也。」范文瀾《文心雕龍注》曰：「《釋名‧釋典藝》：『論，倫也，有倫理也。』《說文繫傳》三十五：『應詰難，揭首尾，以終其事，曰論。論，倫也，同歸而殊塗。』」《玉海》卷六十二：「鄭康成曰：論者綸也，可以經綸世務。」參見《文心雕龍義證》（上海：古籍出版社，1989 年 8 月）卷四〈論說〉第十八，頁 665 註 3、頁 674。

全書意義的定位。

「圓通」一詞，是佛門常見用語，但「圓通」作爲佛典中的一個專有名詞，其實還是比較後來的事，最早「圓通」與佛門的連結，乃是出現在牽涉到佛典翻譯時對義理眞義的追求上，代表的是一種企望突破文字語言的窒礙，在文典翻譯過程中對義理內涵完全傳達的究極追求。如梁僧祐（445～518）《出三藏記集》卷一〈緣記部〉所收錄的〈胡漢譯經音義同異記〉曰：

> 是以義之得失由乎譯人，辭之質文繫於執筆。或善胡義而不了漢旨，或明漢文而不曉胡意，雖有偏解，終隔圓通。若胡漢兩明，意義四暢。然後宣述經奧，於是乎正。前古譯人，莫能曲練，所以舊經文意，致有阻礙，豈經礙哉，譯之失耳！〔註2〕

此外如在《高僧傳》中所出現的「圓通」用語，也往往與佛典翻譯與達意相關連，如卷二〈譯經中〉的〈鳩摩羅什〉與〈佛陀耶舍〉傳曰：

> 自大法東被，始於漢明，涉歷魏晉，經論漸多，而支竺所出多滯文格義。……什既至止，仍請入西明閣及逍遙園，譯出眾經。什既率多諳誦，無不究盡，轉能漢言，音譯流便。既覽舊經，義多紕僻，皆由先度失旨，不與梵本相應，於是……什持梵本，興執舊經，以相讎校，其新文異舊者，義皆圓通，眾心愜伏，莫不欣讚。〔註3〕

> 頃之，興命什譯出經藏。什曰：「夫弘宣法教，宜令文義圓通。貧道雖誦其文，未善其理，唯佛陀耶舍深達幽致……。」〔註4〕

在卷七〈義解四〉的〈竺道生〉傳則有「圓義」一詞：

> 生既潛思日久，徹悟言外，乃喟然歎曰：「夫象以盡意，得意則象忘；言以詮理，入理則言息。自經典東流，譯人重阻，多守滯文，鮮見圓義，若忘筌取魚，始可與言道矣。」〔註5〕

這是玄學「得魚忘筌」、「得意忘象」觀念的進一步發展。在劉勰的《文心雕

〔註2〕引自《大正新脩大藏經》（臺北：新文豐出版社，1983～88年）冊55，頁4中。本文所引《大正藏》皆出自此版本，不再另行註明。

〔註3〕《高僧傳／卷二／譯經中／鳩摩羅什一》（北京：中華書局，1992年10月），頁52。

〔註4〕《高僧傳／卷二／譯經中／佛陀耶舍五》（同上註），頁66。

〔註5〕《高僧傳／卷七／義解四／竺道生一》（同上註），頁256。

龍》中，也屢次看到「圓通」一詞與詩文辭義的完全表達相連結：

〈明詩〉：「然詩有恆裁，思無定位，隨性適分，鮮能圓通。」〔註6〕

〈論說〉：「故其義貴圓通，辭忌枝碎，必使心與理合，彌縫莫見其隙。」〔註7〕

〈封禪〉：「然骨掣靡密，辭貫圓通。」〔註8〕

「圓」，表達出「無偏缺」之意；「通」，表達出「無障礙」之意〔註9〕，由對文義「圓通」的追求，進一步引伸，是將「圓通」視為對聖人境界與聖人行教的一種描述。時代略早於皇侃（488～545）、劉勰（465～520）的張湛（325～400）《列子注》，就是以「圓通」來形容聖人境界之圓滿通貫：

況神心獨運，不假形器，圓通玄照，寂然凝虛者乎？〔註10〕

唯圓通無閡者，能惟變所適，不滯一方。〔註11〕

若把以上這些記載放在思想史的脈絡中來解讀，或許我們可以說追求「圓義」是當時有志突破舊說侷限的思想家，有志一同的努力方向。「圓」，從沒有對立面來看，追求「圓義」，便是對於相反的兩個概念，能找到合適合宜的綰合點，表達的是在某個領域或層面所追求的理想境地，是周而不偏倚的，是圓滿的，「圓通」一般雖被視為佛家語〔註12〕，但問題並不像表面上看來的那麼單純。首先，「圓」與「通」都是中國思想傳統中固有的概念。我國古代學者，每以「圓」象事物，《周易‧繫辭》：「圓而神」，《淮南子‧主術》：「智圓」，都是經典中留下的例子〔註13〕。至如「通」，則更是中國傳統思想中的重要觀

〔註6〕 《文心雕龍義證》（同註1）卷二〈明詩〉第六，頁214。

〔註7〕 《文心雕龍義證》（同註1）卷四〈論說〉第十八，頁697。

〔註8〕 《文心雕龍義證》（同註1）卷五〈封禪〉第二十一，頁809。

〔註9〕 日人興膳宏謂「圓通」作「圓滿的完全性」或「理論的一貫性」解。見興膳宏著、彭恩華編譯：《興膳宏《文心雕龍》論文集》（濟南：齊魯書社，1984年），頁55。

〔註10〕 《列子集釋》（北京：中華書局，1979年10月）卷第三〈周穆王篇〉，頁94。

〔註11〕 《列子集釋》（同上註）卷第四〈仲尼篇〉，頁115。

〔註12〕 如范文瀾在《中國通史簡編》評論《文心雕龍》曰：「全書只有〈論說〉篇偶用『般若』、『圓通』二詞，是佛書中語。」（上海：上海書店，1989年），頁422。

〔註13〕 此外，《莊子‧齊物論》云：「彼是莫得其偶，謂之道樞。樞始得其環中，以應无窮。」「環中」亦可謂是「圓」概念的一種延申，「環中」一詞對六朝文士而

念，在本文上一章中，曾經詳細討論過「通」概念在《莊子》、《易傳》與後來的玄學思想中，扮演了一個多麼重要的角色。從《論語義疏》到《五經正義》、邢昺《論語正義》，以「通」言「道」，是這幾家注疏一貫延續的觀點，王弼注《易》，亦多次言及「通理」之意〔註14〕。「圓」與「通」所代表的，是一種放諸天下皆可通行之理則普遍意，這與當時「道」、「理」概念的發展是相呼應的。

　　更重要的是，六朝翻譯佛典慣用「圓」〔註15〕，與中土固有思維，其實也是密不可分的。日人中村元曾自漢印思維方法加以探討，為這個問題帶來很好的啟示：

> 中國人常有以圓來表現完整的東西之傾向。例如說，聖人之心是圓的。漢譯佛教經典時，原語本是「完整底」、「無缺底」這種抽象意味，中國人皆譯之為「圓滿」。「一切具備」（Sampad）也譯為「圓滿」。一切諸法，即一切事物的真實本性，玄奘三藏及屬於其系統的學者譯為「圓的實性」，圓字全屬附加的。天台或華嚴的哲學，以事物之完全相即為「圓融」，及至中國判教成立時，遂稱佛教中最完全的教說為「圓教」。以圓形為完整性之表徵，乃中國之獨自的思維形式。印度人不以圓形（Vrtta）為特別之意義。〔註16〕

換句話說，我們在佛典翻譯中常常看到「圓通」一詞，並非印度佛學中固有的觀念，而是一個中印儒、佛、道思潮交會下的產物。〔註17〕

　　「圓通」既是如此一個充滿漢印思潮交會色彩的概念，皇侃以「圓通之教」來涵蓋《論語》全書所載夫子言行的旨意，就更值得重視了。這裡皇侃所言的「圓通之教」與其後佛門判教的「圓教」說是否有所關連，亦是一值

　　言並不陌生，散見於《文心雕龍》、《高僧傳》、《弘明集》、《廣弘明集》……等文中。

〔註14〕參見本文頁88，註44。

〔註15〕如《楞嚴經》「圓妙」、「圓音」、「圓通」、「圓融」，《圓覺經》「圓悟」、「圓覽」、「圓照」……等。

〔註16〕見中村元：《中國人之思維方法》（臺北：臺灣學生書局，1991年），頁67。

〔註17〕雖然如此，但畢竟在魏晉六朝以前，不曾看到「圓」與「通」的概念被這麼廣泛而頻繁的使用。「圓」概念的流傳，與佛門轉法輪之意或許亦有所關連。皇侃敘文解「論」字曰：「輪也。言此書義旨周備，圓轉無窮，如車之輪也」，是否也或多或少反映出當時由佛門轉法輪而衍生出對「圓」意的重視？這或許也是一個可供思考的方向。

得關注的問題。據法藏法師的《華嚴一乘教義分齊章》卷一〔註18〕云，北魏時期慧光律師（468～537）已依據《華嚴經》而提出頓漸圓三教判教說。這種在漸、頓教判外，另外提出以《華嚴經》爲圓教的說法，未見於六朝以前的論師著作。慧光與皇侃（488～545）時代相近，而較之天台智者大師（538～597）提出「五時八教」說，皇侃此處「圓通之教」的說法顯然早出很多。當時北方佛學思想與南朝思想界之間交流情況，以及梁代與北魏時期「圓教」說的流傳情形，值得進一步考察。此外慧光乃是北魏最重要的華嚴學論師〔註19〕，皇侃此篇敘文言「理事雙該」，與後來華嚴宗理事說之間又似有若合符節之意。皇侃此篇敘文受到華嚴思想多大的影響，華嚴學說在當時南方士人間流傳的情況〔註20〕，與北方華嚴學交流之情況，都是可以再加以探討的地方。

　　不論如何，以「小而圓通」來定位《論語》，以「圓通之教」來定位孔子所行之教，都是皇侃對《論語》與孔子形象的一個特殊理解，其中所展現出來的時代思潮對經典詮釋的影響，是相當明顯的，這也使得皇侃《論語義疏》在整個《論語》詮釋史的發展過程中，具有一個更特殊的地位。接下來要問的是；以「圓通之教」定義夫子行教之意，落實在《論語》全文的詮釋過程中，是一種怎麼樣的理解與表現？對孔子的聖人形象，又是如何來加以描繪？

二、聖人「應機作教」

　　夫子「圓通之教」落實表現於行事之中，就是「應機作教」，皇侃在敘文中說：

> 夫聖人應世，事迹多端，隨感而起，故爲教不一。或負扆御眾，服袞於廟堂之上；或南面聚徒，衣縫披於黌校之中。……然此書之體，適會多途，皆夫子平生應機作教，事無常準。或與時君抗屬，或共

〔註18〕引自《大正新脩大藏經》冊35，頁111上。

〔註19〕慧光爲地論宗南道派初祖（此派傳承至隋唐未斷，後發展出華嚴宗，才被融合進去），對《華嚴》學之研究影響甚大。見湯用彤：《漢魏兩晉南北朝佛教史》第二十章〈北朝之佛學・《華嚴》之流行〉（北京：北京大學出版社，1997年9月），頁632。

〔註20〕梁代以還，南北研究《華嚴》大盛。南土「三論」學者，亦多兼研此典。玄暢（416～484）始講，而暢即擅三論者。攝山諸師相承，亦多講之（如深受梁武帝所欽慕的攝山僧朗不但重振三論，亦並大弘《華嚴》，《高僧傳》即謂其「《華嚴》、三論，最所命家」）。見湯用彤：《漢魏兩晉南北朝佛教史》第十八章〈南朝《成實論》之流行與般若三論之復興〉（同上註）。

弟子抑揚，或自顯示物，或混迹齊凡，問同答異，言近意深，詩書
互錯綜，典誥相紛紜。義既不定於一方，名故難求乎諸類，因題「論
語」兩字以爲此書之名也。

這種「應機作教」的觀點，並不是只有出現在敘文中，而是貫串皇侃整部《論
語》的詮釋中。「應機作教」的具體意涵可從兩面來說，一是作教者隨受教者
之才性與短長，給予相映之教，這與孔門「因材施教」的教法有相當的可相
通性：

此四人問孝是同，而夫子答異者，或隨疾與藥，或寄人弘教也。懿
子、武伯，皆明其人有失，故隨其失而答之；子游、子夏，是寄二
子以明教也。故王弼曰：問同而答異者，或攻其短，或矯其時失；
或成其志，或說其行。又沈峭曰：夫應教紛紜，常係汲引，經營流
世，每存急疾，今世萬途，難以同對，互舉一事，以訓來問，來問
之訓，縱橫異轍，則孝道之廣亦以明矣。（《論語義疏・爲政第二》
「子夏問孝」章）

繆播曰：聖教軌物，各應其求，隨長短以抑引，隨志分以誘導，使
歸於會通，合乎道中。（《論語義疏・述而第七》「子謂顏淵曰：用之
則行，舍之則藏」章）

此事再出也，所以然者，范甯曰：聖人應於物作教，一事時或再言，
弟子重師之訓，故又書而存焉。（《論語義疏・子罕第九》「子曰主忠
信」章）

這裡皇侃歷引沈峭、繆播、范甯等諸家之說，而皆有相近的「應機作教」觀
點，可見以聖人「應機作教」，已是六朝學界一種共通的意識。然而「應機作
教」還不僅只有這一面的意義，從另一面來說，是作教者的聖人，爲了引導
中下品等的凡民，必須「隱聖同凡」、「與百姓同事」，以行「汲引之教」：

此章明孔子隱聖同凡，學有時節，自少迄老，皆所以勸物也。聖人
微妙玄通，深不可識，所以接世軌物者，曷嘗不誘之以形器乎？黜
獨化之迹，同盈虛之質，勉夫童蒙而志乎學，學十五載，功可與立，
爰自志學迄於從心，善始令終，貴不踰法，示之易行，而約之以禮，
爲教之例，其在茲矣。（《論語義疏・爲政第二》「吾十有五而志於學」）

孫綽曰：夫忠信之行，中人所能存全，雖聖人無以加也。學而爲人，未足稱也，好之至者必鑽仰不息，故曰：「有顏回者好學，今也則亡。」今云十室之學不逮於己，又曰：「我非生而知之，好古敏而求耳。」此皆陳深崇於教，以盡汲引之道也。（《論語義疏·公冶長第五》「十室之邑必有忠信如丘者焉」章）

孔子云無，而實有也，故子貢云：「孔子自道說也。」江熙云：聖人體是極於沖虛，是以忘其神武，遺其靈智，遂與衆人齊其能否，故曰：「我無能焉。」子貢識其天眞，故曰夫子自道之也。（《論語義疏·憲問第十四》「子曰：君子道者三，我無能焉」章）

（子曰：吾嘗終日不食，終夜不寢，以思，無益，不如學也。）郭象曰：聖人無詭教，而云「不寢不食以思」者何？夫思而後通，習而後能者，百姓皆然也，聖人無事而不與百姓同事，事同則形同，是以見形以爲己，唯故謂聖人亦必勤思而力學，此百姓之情也，故用其情以教之，則聖人之教，因彼以教彼，安容詭哉？（《論語義疏·衛靈公第十五》）

這種視孔子爲聖人，並指出其教化行事特色在於「應機作教，事無常準」，從一方面來說，也可說是前有所承。「應機作教，事無常準」可以說是《孟子·萬章》：「孔子，聖之時者也」的進一步詮釋。不過從另一方面來說，應該也是受到佛教「方便」思想的影響。皇《疏》中對於聖人行爲的描述，和《維摩詰經》中情景，就有很多相似點。

還有一點可能相關的，則是相應於南北朝時南三北七的判教風潮。當時的判教者基於佛陀教化弟子，會隨弟子根機不同而「應機說法」，故依之判釋佛法有頓漸、有別圓等等不同層次，如《維摩詰經》中「佛以一音演說法。衆生隨類各得解」（《維摩詰經·佛國品》，本經亦流行於南北朝時期）。所以，皇侃以「應機作教，事無常準」來描繪孔子形象，可能是受了佛教對佛陀形象定位的影響。這和「圓通之教」一樣，都爲我們思考南北朝儒佛思想發展提供了很好的材料。

筆者覺得有趣的地方，倒還不是皇侃這種觀點是如何受到佛教思想的影響，而是這其中所表現出的南朝思想界，在佛學思想濃郁的時代思潮下，士子們普遍的觀點。以《弘明集》所留下的記載來看，很容易找到呼應皇侃這

種思想的相關言論，如《弘明集》卷二孫綽〈喻道論〉：

> 夫佛也者，體道者也。道也者，導物者也，應感順通，無爲而無不
> 爲者也。無爲，故虛寂自然；無不爲，故神化萬物。〔註21〕

孫綽自己也作有《論語》注，皇《疏》中就曾多次引用。這裡孫綽對「佛」、
「道」與「應感順通」的說法，和皇《疏》中對「道」與「聖人」的說解，
就有可相溝通的地方。此外《弘明集》卷七朱昭之的〈難夷夏論〉，對於「應
教」與「圓通」之間的聯繫就更明顯了：

> 朱昭之白：夫聖道虛寂，故能圓應無方。以其無方之應，故應無不
> 適，所以自聖而檢心本無名，於萬會自會而爲稱，則名號以爲之彰。
> 是以智無不周者，則謂之爲正覺；通無不順者，則謂之爲聖人。開
> 物成務無不達也，則謂之爲道。然則聖不過覺，覺不出道。……圓
> 通寂寞，假字曰無妙境。〔註22〕

劉勰在《文心雕龍》中多次引用「圓」的概念〔註23〕，並言及「圓通」之意，
此前文已有論及。在《弘明集》卷八劉勰〈滅惑論〉中，更直接出現「聖人
之教，觸感圓通」之說：

> 明知聖人之教，觸感圓通。三皇以淳樸無服，五帝以沿情制喪，釋
> 迦拔苦，故棄俗反眞，檢跡異路而玄化同歸。〔註24〕

這些例子顯示出，以聖人「隨感應機」，行「圓通之教」的看法，皇《疏》並
不是特例，而是南北朝時期相當普遍的看法；尤其是對受到佛學影響，試圖
融會三教思想的士人來說，更是一種具有特殊意義的觀點，因爲它所代表的，
正是融合時代思潮的最佳利器。換句話說，「應機」與「圓通」，拿來作爲佛
學內部教理的分判，或許還是比較後來的事，更早的應用這種觀點的，或許
是以「教有殊途」來融合玄儒佛三教思想的交會思潮：

〔註21〕引自《大正新脩大藏經》冊52，頁16中。
〔註22〕引自《大正新脩大藏經》冊52，43上。
〔註23〕劉勰《文心雕龍》亦多言「圓」。〈麗辭〉：「理圓事密。」〈風骨〉：「骨采未圓。」
〈論說〉：「故其義貴圓通。」〈體性〉：「思轉自圓。」〈明詩〉「思無定位，鮮
能圓通。」〈知音〉「故圓照之象，務先博觀。」〈總術〉：「自非圓鑒區域，大
判條理。」〈指瑕〉：「應動難圓。」〈雜文〉：「事圓而音澤。」見《文心雕龍
義證》（同註1）卷八〈比興〉第三十六，註2，頁1371。
〔註24〕引自《大正新脩大藏經》冊52，頁49下。

〈梁皇帝敕答臣下神滅論・五經博士明山賓答〉：「雖教有殊途，理還一致。」〔註25〕

謝靈運〈與諸道人辨宗論〉：「二教不同者。隨方應物，所化地異也。……權實雖同，其用各異。」〔註26〕

慧遠〈沙門不敬王者論・體極不兼應第四〉：「經云：佛有自然神妙之法。化物以權，廣隨所入。……聖王即之而成教者，亦不可稱算。雖抑引無方，必歸塗有會。則釋迦之與堯孔，歸致不殊，斷可知矣。是故自乖而求其合，則知理會之必同；自合而求其乖，則悟體極之多方。」〔註27〕

以皇侃《義疏》為例，其中的聖人形象到底是儒門的、佛門的，還是老莊的？其實已經很難說清楚了。從「應機作教」上來說，似乎比較接近佛門渡化眾生的教主；但談論到聖人境界時，「體無」、「無心」、「無意」「無知」乃至「體無哀樂」，玄學的色彩又很濃厚；然而說到具體的統理人倫，行先王禮樂之道，皇《疏》中又仍表達了相當儒學的立場。正如慧遠在〈體極不兼應〉中以「歸塗有會」來論證「釋迦之與堯孔，歸致不殊」，這和本文上章中所討論過的「理歸一極」思想，不僅同為玄儒佛所接受，更是溝通六朝時多元思潮的關鍵義理架構。

對於皇《疏》中的這種看法，邢《疏》也承繼了一部分，如在「吾十有五而志於學」章，邢《疏》也承襲皇《疏》之意曰：「明孔子隱聖同凡，所以勸人也。」（《論語注疏・為政第二》，頁16）但除此之外，在其他章節中，邢昺都刪去這種用「應機作教」去描繪的玄妙聖人形容。與此同時，邢昺對「論語」題名的說解，雖然也承襲、綜合了皇侃敘文中的部分意見〔註28〕，但諸如「圓通」與「應機作教」這些概念與形容，在邢《疏》敘文的說解中都已

〔註25〕《弘明集》卷十，引自《大正新脩大藏經》冊52，頁66下。

〔註26〕《廣弘明集》卷十八，引自《大正新脩大藏經》冊52，頁225上。

〔註27〕《弘明集》卷五，引自《大正新脩大藏經》冊52，頁31上。

〔註28〕「論者，綸也、輪也、理也、次也、撰也。以此書可以經綸世務，故曰綸也。圓轉無窮，故曰輪也。蘊含萬理，故曰理也。篇章有序，故曰次也。羣賢集定，故曰撰也。鄭玄《周禮注》云：『答述曰語』。以此書所載，皆仲尼應答弟子及時人之辭，故曰『語』。而在『論』下者，必經論撰，然後載之，以示非妄謬也，以其口相傳授，故經焚書而獨存也。」（《論語注疏・序解》，頁2）

是看不到了。相對於皇《疏》中如此突出與貫串此一聖人「應機作教」的概念，邢昺延續下來的比例其實並不高，這已初步表露出，對於聖人形象與行教之道的注釋，確乎是皇《疏》與邢《疏》中差異最大的一部份，我們在下面討論聖賢境界時還會看到。

第二節　聖賢境界

一、「任道」與「照之以道」

當「道」的意義開始往抽象與形上本體發展的同時，人對於「道」所抱持的態度以及「道」對人所產生之影響，亦隨之而有所轉變。最主要的一點差別是，當「道」離開了人倫日用，向玄虛無形無相的本體意義躍升時，「道」也就不再是人人皆可得之的倫常之理。對道體的把握，必須訴諸一種玄上的玄智，這既不同於一般經驗界的分析性理智，而必須是透過一種直覺躍升式的觀照，對含括全體物象的形上本體作一種整體把握。「道不可體」〔註29〕除了表達至極「道體」的超越與無名相侷限外，更重要的是，那是一個非人人皆可達至的玄妙境界，「體道」不再是人人皆可達至的目標。

雖然如此，這並非表示「道」與人不再相涉，恰恰相反的是，我們在《論語》注疏中，開始看到眾多關於不同質性的人與道體間所產生不同層次的互動境界描述與討論。特別是關於孔門大賢顏子的相關篇章，成為發揮此層義理的一個最好平台。在《論語・雍也第六》「哀公問弟子孰為好學」章，對於顏回的「不遷怒」、「不貳過」，《集解》作了這樣的發揮：

> 凡人任情，喜怒違理；顏回任道，怒不過分。遷者，移也，怒當其理，不移易也。不貳過者，有不善未嘗復行。（《論語注疏・雍也第六》「哀公問弟子孰為好學」章，頁51）

兩漢魏晉以降共通的看法是，孔子為聖，顏子則為大賢。顏子雖非聖，但離聖最近，是賢者至高境界的典範，是庶幾聖道者。顏子既處於凡聖之間，若能了解顏子的境界，就可以幫助我們對聖人與凡人境界有更深的體會，所以

〔註29〕何晏《論語集解》在「志於道」章注曰：「志，慕也。道不可體，故志之而已。」（《論語注疏・述而第七》，頁60）其後皇《疏》與邢《疏》皆延續何晏此一注語來做疏解。相關討論見本文第三章第一節「道不可體」與「通物之妙」。

在《論語》詮釋中，關於顏子的章節，皆被投注以極大的重視。這裡看到的，正是對於賢凡間「情」感發應外物時不同的境界詮釋。「凡人」由於一味「任情」，結果是「喜怒違理」；顏回能「任道」，故能「怒不過分」。但如何才能「怒不過分」，實現「怒當其理」？所以「不移易」者，靠的是「任道」。「任道」即是以「道」為尺度，故能不任私意私情，不為個體接物後所衍生之情欲意志所左右，而回歸性分天道之本然。

　　「情感」與「應物」問題，是玄學討論聖、賢、凡差異的一個重要項目。這裡何晏告訴我們：凡人與賢者的最大差異，在於凡人「任情」，故而「喜怒違理」；而賢者如顏子則是「任道」，故能「怒不過分」，「怒不過分」即是「任道」，即是「當理」。此處《集解》已然涉及「情」與「道」、「理」的對舉，及「道」、「理」與「分」的連結〔註30〕，這些都是前面文所曾經討論過的。在皇《疏》中，這些層面都被進一步擴大發揮：

> 此舉顏淵好學分滿所得之功也。凡夫識昧，有所瞋怒不當道理，唯顏回學至庶幾，而行藏同於孔子，故識照以道，怒不乖中，故云不遷。遷猶移也，怒必是理，不遷移也。（《論語義疏‧雍也第六》「哀公問弟子孰為好學」章）

「道」、「理」連綴為一個詞使用，《集解》中僅一見〔註31〕，到了皇《疏》中則大量出現，在前一章我們討論過皇《疏》中「理」概念的大量勃興，以及由言「道」轉向言「理」的思潮走向是相關連的。這裡值得重視的是，以「不遷怒」為顏子「好學分滿所得之功」。回顧《集解》言「怒不過分」時，乃偏向強調情感外發時不違世道情事之理分，此言「分滿」，乃是言己身性分得到圓滿的體現。換句話說，顏子是因好學而充分發揮己身性分之本然所得，故能有此「不遷怒」之功。如此顏子修養所得之功與其天生性分間似乎有所關連。但這個關鍵差異在何處呢？皇侃進一步告訴我們：凡夫與顏子間的最大差別，在於「凡夫識昧」，故「瞋怒不當道理」，至於顏子，則因其能「識照以道」，故能「怒不乖中」、「怒必是理」。何謂「識照以道」？在下面接續疏釋《集解》注文時，皇侃作了更深層的闡釋：

〔註30〕魏晉對於「性」與「理」之意涵的了解，常表現在一個「分」的意涵上，對於性與天命的理解，也常常集中在一個始終分限的概念上。這一點我們在下面還會討論到。

〔註31〕「子路遇荷蓧丈人」章，「亂大倫」句下，《集解》云：「包曰：倫，道理也。」

（注：凡人任情，喜怒違理）未得坐忘，故任情不能無偏，故違理
也。（顏回任道，怒不過分）過猶失也。顏子道同行舍，不自任己，
故曰任道也。以道照物，物豈逃形，應可怒者，皆得其實，故無失
分也。（遷者，移也。怒當其理，不移易也）照之故當理，當理而怒
之，不移易也。（《論語義疏·雍也第六》「哀公問弟子孰爲好學」章）

直接把「坐忘」放進來講，這是把《莊子》中的顏子形象與《論語》中的顏
子形象混而爲一。「任道」即是不「任己」，亦即是不被個體的私我意志與情
慾所左右。不任私意私情，要能「以道照物」，「以道照物」即是「識照以道」，
使物象原形照實呈現，不夾雜己身情慾，亦不爲物象牽引本身的情感慾念，
充滿佛老「虛心應物」，不以物情興喜怒，不爲物象所執著迷惘的思想。故曰
「皆得其實，故無失分也」，「分」即物象之實情，亦即物象所本有之理分。

　　到了邢《疏》，對本章的疏解基本上並未背離此一脈絡，但至若如「坐忘」
或「照之以道」這樣老莊玄意色彩強烈的語詞與概念，則不復見矣。

凡人任情，喜怒違理。顏回任道，怒不過分而當其理，不移易，不
遷怒也。人皆有過憚改。顏回有不善，未嘗不知；知之，未嘗復行，
不貳過也。……云「凡人任情，喜怒違理」者，言凡常之人，信任
邪情，恣其喜怒，違於分理也。云「顏回任道，怒不過分」者，言
顏回好學既深，信用至道，故怒不過其分理也。云「有不善，未嘗
復行」者，《周易·下繫辭》文。彼云：「子曰：『顏氏之子，其殆庶
幾乎！有不善未嘗不知，知之未嘗復行也。』」韓康伯注云：「在理
則昧，造形而悟，顏子之分也。失之於幾，故有不善；得之於貳，
不遠而復，故知之未嘗復行也。」引之以證不貳過也。此稱其好學，
而言不遷怒、貳過者，以不遷怒、貳過，由於學問既篤，任道而行，
故舉以言焉，以明好學之深也。一曰：以哀公遷怒、貳過，而孔子
因以諷諫。（《論語注疏·雍也第六》「哀公問弟子孰爲好學」章，頁
51）

這裡特別的是邢昺提出一「分理」的概念，「分理」主於事像之本然，但下引
《周易·繫辭》韓康伯注：「在理則昧，造形而悟，顏子之分也。」則又涉及
其所稟「性分」之意，可見「分」概念在當時屢與「性」、「理」連結。此一
「性」、「理」與「分」之連結，郭象論述極多。郭象屢以「理」言「道」。「理」

者，文理也，即此「有」與彼「有」之間的「分」，「以其知分，故可與言理也。」(《莊子‧繕性注》)。在郭象的性分論觀點中，物各有分，分非外鑠，乃物本有。所有之「分」，包括物之一切「分」在內，即「至分」或「極」，因其「所稟之分，各有極也」。此一概念延續到皇《疏》、邢《疏》中。

回到對聖賢境界的討論上，我們會發現，本章皇《疏》所言的「照」，是皇侃《義疏》中的一個重要的德性：

> (子曰：君子易事而難說也，及其使人也器之) 君子忠恕，故易事也，照見物理，不可欺詐，故難說也。(注：孔曰：不責備於一人，故易事；說之不以道，不說也。) 此釋難悅也。君子既照識理深，若人以非道理之事來求使之悅，己則識之，故不悅也。(小人難事而易說也，說之雖不以道，說也，及其使人也求備焉。) 小人不識道理，故難事也；可以非法欺之也，此釋易悅也。既不識道理，故雖不以道之事悅之，亦既悅之。(《論語義疏‧子路第十三》「君子易事而難說也」章)

這裡更清楚的點明了，「照之以道」可以說就是「照見物理」。真正了解事物的「本然」與「實然」的流行規範與法則，並非只是依賴我們表面上感官所感受到的資訊，而是需要通過一種整體把握的體悟。與此相應的是，皇《疏》中屢強調「智」之為德，以「照了為用」：

> (子張問十世可知也) 有照了之德為智。(《論語義疏‧為政第二》)

> (子曰：知者不惑) 此章談人性分不同也。智以照了為用，故於事無疑惑也。故孫綽曰：智慧辨物，故不惑也。(《論語義疏‧子罕第九》)

> (子曰：君子道者三，……知者不惑) 智者以照了為用，是無疑惑。(《論語義疏‧憲問第十四》)

> (陽貨欲見孔子，……好從事而亟失時，可謂知乎？) 智者以照了為用，動無失時，而孔子數棲棲遑遑東西從事，而數失時，不為時用，如此豈可謂汝為聖人乎矣。(《論語義疏‧陽貨第十七》)

這些疏語的佛老意味相當明顯，特別是「照了」一詞更是佛典常用語。儒門言「智」，為眾德之一，故孔子常以智、仁兩者或智、仁、勇三者並舉；孟子則「仁義禮智」四者並列。智以明辨，重在道德是非的判斷，故《孟子》云：

「是非之心，智也。」而佛家之智，有圓澈之義，爲識照之用，能看破世間一切業緣，明見世界，皇《疏》以「照了」釋「智」，又言所謂「智者」，乃是先天性分長於以此一「照了」之智爲用。這種以仁、智爲「性分」所稟，有短長之異，乃是魏晉人性觀之通說。

以「照了」爲用，則可「於事無疑惑」，並「動無失時」。這裡的「智」顯然已非倫理判斷問題，而成爲一種對世界運行（包含人事層面）的深入與全盤洞徹〔註32〕。換句話說，問題的關鍵不在於皇《疏》中解「智」與言「照」之語是否來自佛道典籍，更重要的是其所表現出的，是一種對大千世界的關照視角，一種超越倫理人世層面，進而探求宇宙萬物整體實象的新關懷與新意識。

這些對於「智」與「照」的相關疏語，到了邢《疏》中皆已加以剔除〔註33〕，然而觀念本身並沒有因此而斷絕，相反的是，理學家對於情感外發時的問題，受到此一脈絡的影響是很大的。朱子《論語集注》本章之注引程子曰：

> 程子曰：「顏子之怒，在物不在己，故不遷。有不善未嘗不知，知之未嘗復行，不貳過也。」又曰：「喜怒在事，則理之當喜怒者也，不在血氣則不遷。若舜之誅四兇也，可怒在彼，己何與焉。如鑒之照物，妍媸在彼，隨物應之而已，何遷之有？」（《論語集注・雍也第六》「哀公問弟子孰爲好學」章）〔註34〕

「喜怒在事，則理之當喜怒者也」即是「照之則當理」之意，而「如鑒之照物，妍媸在彼，隨物應之」，則很明顯的承襲皇《疏》「以道照物」、「識照以道」的比喻，這讓我們了解到，邢《疏》雖然刪除這些語詞，但觀念的延續並未斷絕。對於情感與「道」、「理」間之聯繫，理學受到玄佛思潮的影響是

〔註32〕此外《論語義疏》在〈雍也〉篇「知者樂水」句下云：「今第一明智仁之性，此明智性也。智者，識用之義也。」「智者動」句云：「此第二明用也。智者何故如水耶？政自欲動進其識，故云智者動也。」「智者樂」句云：「第三明功也。……智者得運其識，故得從心而暢，故懽樂也。」智者動用其智，無礙於物，亦與佛家義通。見董季棠：〈評論皇侃皇疏之得失（下）〉，《孔孟學報》二十九期（1974 年 10 月），頁 184。

〔註33〕《論語注疏・爲政第二》引《白虎通》曰：「智者知也，或於事見微知著。」（頁 19）《論語注疏・雍也第六》「知者樂水」章云：「知者性好運其才知以治，如水流而不知已止也。……知者常務進故動。……知者役用才知，成功得志，故歡樂也。」（頁 54）相較於皇《疏》，玄智意味已薄弱很多。

〔註34〕《四書章句集注》（臺北：大安出版社，1996 年），頁 113。

很明顯的，透過注疏的比對，可以清楚的感受到這一點。特別是朱子《集注》在本章其下續節引程頤〈顏子所好何學論〉一文：

> 或曰：「詩書六藝，七十子非不習而通也，而夫子獨稱顏子為好學。顏子之所好，果何學歟？」程子曰：「學以至乎聖人之道也。」「學之道奈何？」曰：「天地儲精，得五行之秀者為人。其本也真而靜。其未發也五性具焉，曰仁、義、禮、智、信。形既生矣，外物觸其形而動於中矣。其中動而七情出焉，曰喜、怒、哀、懼、愛、惡、欲。情既熾而益蕩，其性鑿矣。故學者約其情使合於中，正其心，養其性而已。然必先明諸心，知所往，然後力行以求至焉。若顏子之非禮勿視、聽、言、動，不遷怒貳過者，則其好之篤而學之得其道也。然其未至於聖人者，守之也，非化之也。假之以年，則不日而化矣。今人乃謂聖本生知，非學可至，而所以為學者，不過記誦文辭之間，其亦異乎顏子之學矣。」〔註35〕

在此文中程子曾提出一與「情其性」相對的「性其情」說，這讓我們想起前文提過《論語義疏・陽貨第十七》「性近習遠」章王弼與「一家舊釋」亦主張的「性其情」說，雖然兩者在思想內涵上是有所差異的，但前後承繼的關連亦不應抹殺。朱子《集注》在節引的過程中雖然隱去了這一段，但諸如「天地儲精，得五行之秀者為人。其本也真而靜。」與皇《疏》、邢《疏》中的性情說仍然是有發展延續性的。理學與玄學之間思想的承繼與發展，確實不容忽視。但朱子所引程子之說，重在強調聖人的「可學而至」，然而這個部分，在皇《疏》中卻恰恰表現出強烈的不同傾向。

二、「虛中」與「知道」

對於《論語》中的顏子境界，還有另一章也常常被視為充滿了玄佛色彩的，那就是〈先進〉「回也其庶乎！屢空」這一章。從《集解》開始，對於「屢空」的詮釋，出現了「一日」之說：

> 《集解》：（「回也其庶乎！屢空」「賜不受命而貨殖焉，億則屢中」）
> 言回庶幾聖道，雖數空匱而樂在其中矣。賜不受教命，唯財貨是殖，

〔註35〕同上註，頁114。

億度是非。美回所以勵賜也。一曰：屢，猶每也。空，猶虛中也。
以聖人之善道，教數子之庶幾，猶不至於知道者，各內有此害。其
於庶幾每能虛中者，唯回。懷道深遠，不虛心，不能知道。子貢雖
無數子之病，然亦不知道者，雖不窮理而幸中，雖非天命而偶富，
亦所以不虛心也。（《論語注疏・先進第十一》，頁98）

不能「虛心」就不能「知道」，「虛心」即「虛中」，意指排除來自內外慾望的
干擾；只有真正「懷道深遠」如顏子，才能達到「虛中」的功夫境界；也只
有真正達到「虛中」的功夫境界，也才能真正「懷道深遠」。顏回正是因為貧
而樂「道」，能虛中而窮理盡性，故能體知至道，達到「懷道深遠」的境界。
所以「志道」不僅是要以「虛心」來排除個體內外慾望的干擾，同時在「虛
心」的同時，亦要透過「窮理盡性」的功夫來「知命」。「知道」者亦必「知
命」。「虛心」與「窮理盡性」的功夫，必須是一體兩面同時進行，因為唯有
「窮理盡性」，才能認知聖人之道，充分認知聖人之道，亦即是充分體知天命
之性分，所以不會有子貢「幸中」、「偶富」的問題，而是會自然而然地了解
天道性命所予人之吉凶分限。「窮理盡性」出於《易傳》，但這裡的焦點是，
必須以「虛心」的功夫作為窮理盡性、

知「道」知「命」的前提，「知道」的先決條件在於「虛心」。這顯然已
經大大超出了《論語》中孔子原意。

《集解》解「屢空」的「一曰」之說，表達出的是對至極境界的一種新
理解與新追求。事實上，何晏完全可以只以「數空匱而樂在其中」來解「屢
空」。也許他也並非不知「數空匱」可能比較接近夫子所言「屢空」的原意，
所以他才把這另一說放在「一曰」中。但何晏畢竟還是加進了這個「一曰」
之說，如果不是「虛中」表達出何晏自己或時代思潮對聖賢德性境界的進一
步關切與思考，他其實並不需要加進這個注解。這個趨勢，到了皇《疏》中，
當然是愈發顯明了：

皇《疏》：記者上列四子病重於先，自此以下引孔子曰，更舉顏子精
能於後。解此義者凡有二通。一云庶，庶幾也。屢，每也。空，窮
匱也。顏子庶慕於幾，故匱忽財利，所以家每空貧而簞瓢陋巷也。
故王弼云：庶幾慕聖，忽忘財業，而屢空匱也。又一通云：空，猶
虛也。言聖人體寂，而心恒虛無累，故幾動即見。而賢人不能體無，

故不見幾，但庶幾慕聖，而心或時而虛，故曰屢空。其虛非一，故
屢名生焉。故顏特進云：空非回所體，故庶而數得。故顧歡云：夫
無欲於無欲者，聖人之常也。有欲於無欲者，賢人之分也。二欲同
無，故全空以目聖。一有一無，故每虛以稱賢。賢人自有觀之，則
無欲於有欲；自無觀之，則有欲於無欲。虛而未盡，非屢如何？大
史叔明申之云：顏子上賢，體具而敬則精也，故無進退之事，就義
上以立屢名。按其遺仁義，忘禮樂，墮支體，黜聰明，坐忘大通，
此亡有之義也。忘有頓盡，非空如何？若以聖人驗之，聖人忘忘，
大賢不能忘忘，不能忘忘，心復爲未盡，一未一空，故屢名生也焉。
〔註36〕（《論語義疏‧先進第十一》）

這裡皇侃歷引四家之說以釋「屢空」之意，姑不論此四家之言是否皆代表皇
侃本身的義理思想，至少皇《疏》廣存異說的態度是很明顯的。再看看此諸
家之說中所蘊含的義理，雜糅玄理的意味著實相當濃厚，而顧歡「全空目聖」
與叔明「忘有頓盡」之說，更已隱然存有佛理的影子〔註37〕。然而更引起筆
者注目的是，他們區分聖賢境界的差異，是相當明顯的。相對來講，試看邢
《疏》的疏文：

邢《疏》：其說有二：一曰：屢，數也。空，匱也。億，度也。言回
庶幾聖道，雖數空匱貧窶，而樂在其中。是美回也。賜不受命，唯
貨財是殖，若億度是非則數中。言此所以勉勵賜也。一曰：屢，猶
每也。空，猶虛中也。言孔子以聖人之善道，教數子之庶幾，猶不
至於知道者，各內有此害故也。其於庶幾每能虛中者，唯有顏回。
懷道深遠，若不虛心，不能知道也。子貢雖無數子之病，然亦不知
道者，雖不窮理而幸中，雖非天命而偶富，有此二累，亦所以不虛
心也。……云「一曰」以下者，何晏又爲一說也。云「以聖人之善
道，教數子之庶幾」者，言孔子以聖人庶幾之善道，並教六子也。

〔註36〕 本章懷德堂本與知不足齋本文字差異較多，此依懷德堂本。
〔註37〕 《維摩詰所說經》卷四〈問疾品〉鳩摩羅什與僧肇注語有「無遺」、「空空」
之論，《出三藏記集》卷八支遁《大小品對比要抄序》有「希無以忘無，故非
無之所存」之說，顧氏、太史氏云「空」云「頓」，佛門之說或應有所影響。
見張恆壽：〈六朝儒經注疏中之佛學影響〉，《中國經學史論文選集》上冊（臺
北：文史哲出版社印行，1992 年 10 月初版），頁 495。

云「猶不至於知道者，各內有此害」者，言聖人不倦，並教誨之，而猶尚不能至於知幾微善道者，以其各自內有愚、魯、辟、喭之病害故也。云「其於庶幾每能虛中，唯回」者，言唯顏回每能虛其中心，知於庶幾之道也。云:「懷道深遠，不虛心，不能知道」者，此解虛中之由，由其至道深遠，若不虛其中心，則不能知道也。云「子貢雖無數子之病」者，謂「無愚、魯、辟、喭之病也。「然亦不知道」者，謂亦如四子不知聖道也。云「雖不窮理而幸中，雖非天命而偶富，亦所以不虛心也」者，此解子貢不知道，由於有此二累也。雖不窮理而幸中，釋經「億則屢中」，言雖不窮理盡性，但億度之，幸中其言也。《左傳》「定十五年春，邾隱公來朝，子貢觀焉。邾子執玉高，其容仰；公受玉卑，其容俯。子貢曰：『以禮觀之，二君者皆有死亡焉。』夏五月壬中，公薨。仲尼曰：『賜不幸言而中。』」哀七年，「以邾子益來」，是其屢中也。「雖非天命而偶富」釋經「不受命而貨殖」也。言致富之道，當由天命與之爵祿，今子貢不因天命爵祿，而能自致富，故曰「偶富」。言有億度之勞，富有經營之累，以此二事，何暇虛心以知道？故云「亦所以不虛心也」。(《論語注疏·先進第十一》，頁 99）

本著「疏不破注」的原則，邢《疏》同樣注釋了《集解》「一曰」中所言「虛空」之意。但若相較於皇《疏》以「虛中」爲「體寂」、「體空」，邢昺謂「虛中」爲「虛其中心」，實已平實許多。相對於皇《疏》的廣引各家異說，邢《疏》所引用以爲論證者，皆以正統經典中的記載爲主。如此章中，邢昺在疏解完《論語》正文與《集解》注文之後，僅引《左傳》的史事記載作爲輔證子貢「億則屢中」之意。這點可以看出皇《疏》和邢《疏》詮釋性格的差異。

　　不過，更明顯的差異是，邢《疏》完全去除了皇《疏》中明確劃分聖賢境界，並將焦點放在聖人的玄悟修養境界這一點上（「聖人體寂」、「無欲於無欲」、「忘有頓盡」）。其實進一步看，這正是邢《疏》刪去皇《疏》最明顯的一個地方。不僅是在這一章中，對於其他章節中，皇《疏》以玄佛境界來描繪的聖人形象，邢《疏》都相當有自覺的予以刪除。當然我們可以說，這種爲孔子穿上道佛外衣的作法，本來就是皇《疏》雜染玄佛思想最明顯的地方，邢昺刪之，正可見其回返儒學的意識。

　　然而問題並不僅於此，因爲要說邢《疏》完全沒有留下一點玄學之說，

顯然也不盡然，在本文上一章對「道」與「理」的討論中，不也看到邢昺引用王弼的「道者，無之稱也，無不通也，無不由也，況之曰道，寂然無體，不可爲象」來解孔子的「志於道」嗎？何以「道」可以是「寂然無體」，而聖人卻不可「體寂」、「忘有」呢？當然首先正如筆者在上一章的討論中所曾言及的，邢昺取用王弼對「道體」的詮釋來解孔子之「道」，和《周易正義》有相當關係。

其次，或許可以進一步說的是，對邢昺來說，玄道思想中對道體的本體描述，是可以接受的，至少不是和儒門本意完全無法相容的，尤其是這個部分又經過了《周易正義》的正統化加持。既然《易傳》也被視爲是孔子的作品，引用《易傳》的看法（其實是玄學家加工詮釋過後的《易傳》觀點），當然不會和孔門思想那麼格格不入了。但是皇侃所廣引的各家對聖人的玄佛境界發揮，那就是另一回事了。在前幾章關於人性論與道理觀的討論中，我們看到邢《疏》在這幾個議題上的態度，其實和皇《疏》尙且沒有那麼明顯的差異，甚至可以說在大方向上是有相當延續性，這幾幾乎要使我們忘記邢昺的「廓清之功」究竟是展現在什麼地方了。然而當進入本章的討論，情況似乎開始不一樣了。皇《疏》中那種對於聖人玄智、玄悟大量的描繪，到了邢《疏》中幾乎都予剔除了。這讓我們體會到，皇《疏》中對於聖人形象的新描繪與新理解，確乎是六朝時代《論語》詮釋的「新解」所在，而這一部份在邢《疏》中的刪除，也爲我們昭示出：對於「聖人」境界的定位，如何在《論語》詮釋中具有重要意義，也如何在魏晉到唐宋的儒學思想演變中，扮演了一個重要角色。

第三節　聖賢角色的扮演

一、賢聖道絕而相輔

皇《疏》中由對顏子大賢的境界詮釋，衍生出對聖人境界的描繪。聖賢觀是皇《疏》中很重要的一環。在何晏《集解》中，尙未表現的這麼明顯；到了皇《疏》中，整部《論語》幾乎就等於是聖賢才品與境界描繪的總集，孔門弟子間的問答言談與行事表現，成爲皇侃闡述與探討聖賢才品的最好平台。而這個意識，首先就表現在對於聖賢所「體」的分判上：

皇《疏》：（子曰：吾與回言終日，不違如愚）自形器以上，名之爲
無，聖人所體也；自形器以還，名之爲有，賢人所體也。今孔子終
日所言，即入於形器，故顏子聞而即解，無所諮問，故不起發我道，
故言終日不違也。……故繆播曰：將言形器，形器顏生所體，莫逆
於心，故若愚也。（《論語義疏・爲政第二》）

這種分判聖賢所體境界的看法在皇《疏》中是有延續性與一貫性的。既然聖
人的職責在於「應機作教」，如果沒有獨特的才品與體道境界，是絕對無法達
成的。而這個境界是必須完全超越形器之域，故能不爲人事形象所圍，隨變
而化，隨適而安。《集解》與邢《疏》在本章中，都沒有這樣的描繪，這確乎
是玄學聖賢思考展現在皇《疏》中的一個特殊面相。但皇《疏》對聖賢思考
還不僅於此，更重要的是，聖賢是「道絕」而又「相輔」的。在皇《疏》中，
屢次出現分判聖賢境界的描述，這在前文的討論中我們也已經看過一些了，
這種分判其中所表達的，是一種很強烈的性品等第觀：

（顏淵喟然歎曰：）孔子至聖，顏生上賢，賢聖道絕，故顏致歎也。
（仰之彌高，鑽之彌堅）此所歎之事也。夫物雖高者，若仰瞻則可
覩也；物雖堅者，若鑽錐則可入也。顏於孔子道，愈瞻愈高，彌鑽
彌堅，非己措力之能得也。故孫綽曰：夫有限之高，雖嵩岱可陵。
有形之堅，雖金石可鑽。若乃彌高彌堅，鑽仰所不逮，故知絕域之
高堅，未可以力至也。（瞻之在前，忽焉在後）向明瞻仰上下之絕域，
此明四方之無窮也。若四方而瞻後爲遼遠，故恍惚非己所定，所以
或前或後也。亦如向說。又一通曰：愈瞻愈遠，故云瞻之在前也；
愈顧愈後，故云忽焉在後也。故孫綽曰：馳而不及，待而不至，不
行不動，孰能測其妙所哉？江熙云：慕聖之道，其殆庶幾，是以欲
齊其高，而仰之愈邈；思等其深，而鑽鑿愈堅；尚竝其前，而俛仰
塵絕，此其所以喟然者也。（夫子循循然善誘人）又歎聖道雖懸，而
令人企慕也。循循，次序也。誘，進也。言孔子以聖道勸進人，而
有次序，故曰善誘人也。……（如有所立卓爾）此明絕地不可得言
之處也。卓，高遠貌也。言雖自竭才力以學博文約禮，而孔子更有
所言述創立，則卓爾高絕也。（雖欲從之，末由也已）末，無也。言
其奶妙高絕，雖己欲從之，而無由可及也。故孫綽曰：常事皆脩而

行之,若有所興立,卓然出乎視聽之表,猶天之不可階而升,從之將何由也?此顏孔所絕處也。(《論語義疏·子罕第九》)

(不仁者遠矣)夫言遠者,豈必足陟遐路,身適異邦?賢愚相殊,是亦遠矣。故曰性相近也,習相遠也,不仁之人感化遷善,去邪枉,正直是與,故謂遠也。(《論語義疏·顏淵第十二》「樊遲問仁」章)

孔子聖德,其高如天。天之懸絕,既非人可得階升,而孔子聖德,豈可謂我之賢勝之乎?(《論語義疏·子張第十九》「仲尼豈賢於子乎」章)

「賢愚相殊」、「賢聖道絕」,竟如「天之不可階而升」,這讓我們更能理解何以謝靈運〈辨宗論〉云:「孔氏之論,聖道既妙,雖顏殆庶,體無鑒周。」〔註38〕正如本文第二章人性論思想比較中所討論過的性品有等觀念,當聖賢間的差異完全被切割開來,聖凡之異已成為一種無法用後天努力彌補的鴻溝,因為它從人之初生即已稟源每一個體的性分之中:

樂肇曰:聖人體備,賢者或偏,以偏師備,學不能同也。故準其所資而立業焉,猶《易》云:「仁者見其仁,智者見其智。」寬則得眾而遇濫,偏則寡合而身孤,明各出二子之偏性,亦未能兼弘夫子度也。(《論語義疏·子張第十九》「子夏之門人問交於子張」章)

然孔子所以有此二說不同者,或其不入是為賢人,賢人以下易染,故不許入也。若許入者,是聖人,聖人不為世俗染黑,如至堅至白之物也。子路不欲往,孔子欲往,故具告也〔註39〕。……王弼云:孔子機發後應,事形乃視,擇地以處身,資教以全度者也,故不入亂人之邦。聖人通遠慮微,應變神化,濁亂不能污其潔,凶惡不能害其性,所以避難不藏身,絕物不以形也。……江熙云:夫子豈實之公山弗擾乎?故欲往之意耶?汎爾無係,以觀門人之情,如欲居九夷,乘桴浮於海耳。子路見形而不及道,故聞乘桴而喜,聞之公山而不悅。升堂而未入室,安測聖人之趣哉!(《論語義疏·陽貨第十七》「晞盻召,子欲往」章)

〔註38〕同註24。
〔註39〕懷德堂本作「其告」,應是誤字。此據知不足齋本改。

聖賢生而有別，性體有偏備之異，故雖「學」而「不能同」。性既有異，所處亦異，賢人以下同於中人「易染」，故所行應受一定的法則約束；至如聖人，既不「爲世俗染黑」，能「應變神化」，其境界又非凡人所及，換句話說，只要打出「聖人」之名，一切作法都可得到完全合理化的解釋，這樣一來，詮釋起《論語》中孔子出處，當然是毫無困難了。然而，不從孔子救世之心去加以體會，只以聖人玄妙境界一語帶過，無異認聖人不能以世俗標準加以規範，如此亦易爲從政者留下一個將其一切行事選擇合理化的缺口。

　　但是，聖賢間的關係，並不只是懸絕有別而已，事實上，其所稟性分有別，是冥冥中的一種玄妙安排。換句話說，聖賢雖有別，但在天地間皆有其各自的任務與職責，必須互相輔助，乃能同致教化之功：

> （子曰：回也！非助我者也，於吾言無所不說）聖人爲教，須賢啓發，於參之徒，聞言輒問，是助益於我以增曉道；顏淵默識，聞言悅解，不嘗口諮於我，教化無益，故云非助我者，於吾言無所不悅也。孫綽云：所以每悅吾言，理自玄同耳，非爲助我也，言此欲以曉衆且明理也。（《論語義疏・先進第十一》）

> （子畏於匡，顏淵後。子曰：吾以女爲死矣！曰：子在，回何敢死。）顏淵之答，其有以也。夫聖賢影響，如天降時雨，山澤必先爲出雲，孔子既在世，則顏回理不得死，死則孔道便絕，故淵死而孔云天喪予也。（《論語義疏・先進第十一》）

> （顏淵死，子曰：噫！天喪予！天喪予！）夫聖人出世也，必須賢輔，如天將降雨，必先山澤出雲。淵未死，則孔道猶可冀，縱不爲君，則亦得共爲教化；今淵既死，是孔道亦亡，故云天喪我也。劉歆云：顏是亞聖人之偶，然則顏孔自然之對物，一氣之別形，玄妙所以藏寄，道旨所由贊明，敘顏淵死則夫子體缺，故曰「天喪予」。（《論語義疏・先進第十一》）

> 蔡謨云：聖人之化由群賢之輔，闇主之亂由衆惡之黨，是以有君無臣，宋襄以敗；衞靈無道，夫奚其喪；言一紂之不善，其亂不得如是之甚，身居下流，天下惡人皆歸之，是故亡也。（《論語義疏・子張第十九》「子貢曰：紂之不善，不如是之甚也」章）

前文曾述皇侃以「應變神化」去合理化孔子的所作所為，這個態度透過「聖賢相輔」、「共為教化」之意，進一步拓展到被視為賢者的孔門高弟身上，特別表現在對宰我與冉有季路等人的評論上：

> 然宰我有此失者，一家云：其是中人，豈得無失？一家云：與孔子為教，故托迹受責也。故珊琳公曰：宰予見時後學之徒將有懈廢之心生，故假晝寢以發夫子切磋之教，所謂互為影響者也。范寧曰：夫宰我者升堂四科之流也，豈不免乎晝寢之咎，以貽朽糞之譏乎？時無師徒共明勸誘之教，故託夫弊迹以為發起也。《論語義疏・公冶長第五》「宰予晝寢」章）

> 繆播曰：爾時禮壞樂崩，而三年不行，宰我大懼其往，以為聖人無微旨以戒將來，故假時人之謂，啟憤於夫子，義在屈己以明道也。……余謂：孔子目四科，則宰我冠言語之先，安有知言之人，而發違情犯禮之問乎？將以喪禮漸衰，孝道彌薄，故起斯問以發其責，則所益者弘多也。（《論語義疏・陽貨第十七》「宰我問三年之喪」章）

> 蔡謨云：冉有季路竝以王佐之姿，處彼家相之任，豈有不諫季孫以成其惡？所以同其謀者，將有以也。量己撥勢，不能制其悖心於外，順其意以告夫子，實欲致大聖之言以救斯弊，是以夫子發明大義以酬來感，弘舉治體自救時難。引喻虎兕為以罪相者，雖文譏二子，而旨在季孫。既示安危之理，又抑強臣擅命，二者兼著，以寧社稷，斯乃聖賢同符，相為表裏者也。然守文者衆，達微者寡也。觀其見軌，而昧其玄致；但釋其辭，不釋所以辭；懼二子之見幽，將長淪於腐學，是以正之以誘來旨也。（《論語義疏・季氏第十六》「季氏將伐顓臾，冉有季路見於孔子」章）

宰我因為「晝寢」與「問三年之喪」而被孔子責備，到了皇《疏》中都成為「托迹受責」、「屈己以明道」，是為了「師徒共明勸誘之教」才刻意做出的舉動。至於冉有、季路不諫季孫，更被解釋成「聖賢同符，相為表裏」。我們不難聯想起這種師徒相與、聖賢同符的觀念，與佛門師弟相與起予的「方便」之說，有某種程度的相似性。邢《疏》中對於宰我的「晝寢」與「問三年之喪」，都延續皇《疏》這種「託之以設教」的觀點，可見影響的深遠。從這個觀點出發，《論語》中所記載的隱者，同樣也成為「聖賢致訓，相為內外」的典範：

江熙云：夫迹有相明，教有相資，若數子者，事既不同，而我亦有
以異矣。然聖賢致訓，相爲內外，彼協契於往載，我拯溺於此世，
不以我異而抑物，不以彼異而通滯，此吾所謂無可無不可者耳，豈
以此自目己之所以異哉？我迹之異，蓋著於當時，彼數子者，亦不
宜各滯於所執矣！故舉其往行而存其會通，將以導夫方類所挹仰
乎！（《論語義疏·陽貨第十七》「逸民伯夷叔齊虞仲夷逸朱張」章）

不難論證這與《論語》原意或許是有所距離的。但是，可以說在這樣的理解
下，卻也給了不同才性的個體更開放的空間，在承認世間才性歧異的同時，
用這樣聖賢架構，讓不同才性的人都能找到生存的意義，這正是魏晉對人性
問題思考的特殊之處，也是郭象總結玄學自然名教之辯，最後所下的結論。
在皇《疏》中，即可找到郭象抒發此一觀點所下的注釋：

（子曰：爲政以德）此明人君爲政教之法也。德者，得也，言人君
爲政，當得萬物之性，故云以德也。故郭象曰：萬物皆得性謂之德，
夫爲政者奚事哉？得萬物之性，故云德而已也。（《論語義疏·爲政
第二》）

（道之以德）郭象曰：德者，得其性者也。……郭象云：情有所恥，
而性有所本。得其性則本至，體其情則知恥。知恥則無刑而自齊，
本至則無制而自正，是以導之以德，齊之以禮，有恥且格。（《論語
義疏·爲政第二》）

郭象云：夫君子者不能索足，故脩己者索己，故脩己者僅可以內敬
其身，外安同己之人耳，豈足安百姓哉！百姓百品，萬國殊風，以
不治治之，乃得其極。若欲脩己以治之，雖堯舜必病，況君子乎？
今見堯舜非脩之也，萬物自無爲而治，若天之自高地之自厚，日月
之明，雲行雨施而已，故能夷暢條達曲成不遺而無病也。（《論語義
疏·衛靈公第十五》「子路問君子」章）

此一寬容涵蓋個體殊異，又統歸於「執一統衆」的一主，是貫串整個六朝玄
學思潮的共通意識。以王弼和郭象爲例，他們的立論角度固有不同，但有一
點是相同的，那就是都肯定萬物皆有其分理，而衆分理並非雜亂無章，而是
彼此依存著一種玄妙的理序以連繫著。王弼從把握這種理之全體的角度出

發，所以說反本以體極，由會通為一之「道」以含括萬有；郭象則從肯定萬物各有理極的視角出發，「體極」的最高理想落實在對眾生性分的充分尊重上，所以說「理雖萬殊而性同得」。理雖萬殊，但萬殊之理並非雜亂無章，而是冥然間有一玄妙相因的聯繫。從另一角度說，郭象所說的「物皆得理」，也就是王弼「盡理極」理想的另一種面相的展現。他們相同的一點是，都肯定對分殊個體的尊重與含融，而都將究極的政治理想放在一個能由最高視野俯覽，無為而任萬物自然之化的統治者身上。

二、聖人體道行化

經過以上的討論，可以得到一個結論，那就是對於聖人境界的玄妙超越與不可及，是皇侃詮釋《論語》的一個特色。如果將本章的討論與上一章結合起來看，可以說，一個具有特殊意涵的「聖人」形象已經呼之欲出了，而這又與皇《疏》中對「道」、「理」的理解密切相關。

問題的焦點在於：當皇侃論述「道」的幽微深遠時，他所強調者不僅在於此一天道本體之絕對超越性，他實際上也強化了「體道」聖人之不可及。所以正如前章所言，皇侃對於「學」的詮解，所強調的是學「先王之道」，學「禮義之道」，這是經過體道聖王加工過的產物。「天人合德」的究極境界在聖人與凡夫眾生間是有層次差異的，與天地元亨利貞合德者，其唯聖人乎！在這個究極境界下，皇《疏》才會如此強調「識照以道」、「識照以理」。

換句話說，聖人是「知道」與「行道」者的結合。這個觀念，也並非魏晉乃有，賈誼《新書・道術》言：「故守道者謂之士，樂道者謂之君子；知道者謂之明，行道者謂之賢；且明且賢，此為聖人。」〔註40〕此處所言之「道」，故與魏晉以降玄學所言之「道」，有所差異，然結合「知道」與「行道」，乃是「體道」聖人之所為，此一觀念卻延續至魏晉。

究極道體境界是無形無名，寂然玄妙的，這是魏晉以降吸收老莊思想，在形上本體論課題中所做出的創造性理論進展。而唯有深切了悟其究竟理境，並透過對此一究極本源之把握，進一步與大化天地融為一體，使自己的身心性命與其密然相契，自然行之而無礙，才是真正到達「體道聖人」的境界。而當這種「體道聖人」，位為天子為聖王時，乃能為眾生制禮。其所制之

〔註40〕 《新書校注》（北京：中華書局，2000年7月），頁304。

禮，亦是根據眾生之性，故眾生行「先王之道」，行「禮義之道」，亦能得其性之本然。這是聖王體天地之性，通萬物之靈後，溝通天人以制作的「禮義之道」，萬物生化，人生處事，皆需循此一「道理」而行，乃能運行無礙。故「道」者，「無不通」也，其背後之根據，即是一大千世界乃為一具有條理聯繫的理序世界之信念。而聖人在其中扮演了一個很特殊的角色。

聖王為天下蒼生制法，自戰國末年的荀子延續到漢代董仲舒以降，皆主此說，所不同者，在漢代天人感應說下，天道與聖王之感通是透過災疫降福所達成，天人之際，無疑仍是以一種近乎宗教式的人神模式溝通。進入魏晉，當漢代天道觀念崩解，老莊自然天之觀念取而代之，天人之際，也就需要建立一種新的溝通模式。相同的是，天人之際同樣需要有一超越之聖人來加以溝通詮解。

很多研究者皆已注意到，魏晉援引的老莊聖人觀念是一種境界式究極境界，然而他們不能解釋的是，魏晉聖人何以仍是「不可學而至」？當成聖關鍵在於境界之超脫與識照之躍升，則聖人之所以為聖，應在其自我修養與體悟。然則眾人皆可成聖之呼聲，應當已經呼之欲出了。但明擺著的事實是，從何晏、王弼以降以至郭象、張湛，皆強調聖人境界是生來而凡夫所不可及的。或許研究者所忽略的，正是中國傳統以降「聖王」觀在其中所扮演的角色。王文亮先生《中國聖人論》中總結中國聖人觀之發展曰：「道的創造和發現是『聖人之事』，自然社會的所有普遍法則雖皆出自天之創造，但必須靠『聖人成之』，沒有聖人的存在，也就沒有道的存在。」〔註41〕

魏晉玄學，自始就是一種儒道會通下的產物，他並非只是單向的由「道家」思想匯雜並覆蓋入「儒學」領域，眾多玄學思想家所極力強調的「執一統眾」觀念，實則具有重要意涵。誠如許多研究者所注意到的，魏晉以降是中國思想界與文化界「個體思潮」覺醒的關鍵期，尤其在個體人生境界上，玄學確實是以莊學式自我超越與躍升為終極理想。但同樣不可忽視的是，在大我群體的政治問題上，玄學在相當層度上，卻仍然保持一種儒學（或老學）「聖王觀」的理想。這或許也是郭象注《莊》，屢被批評為扭曲莊意的原由之一。持平而論，郭象注《莊》之所以會產生爭議，正在於郭象匯入了莊學中不甚著墨的議題：聖王統理治世的問題。〔註42〕

〔註41〕王文亮：《中國聖人論》（北京：中國社會科學出版社，1993年4月1版），頁150。
〔註42〕此一問題仍有待討論。因「內聖外王」乃莊書中所首提之觀念，然今日一般

　　是以當我們來看皇《疏》中對「道」的相關詮解，也才能理解，何以在強調「天道」幽微難知的同時，又強調人皆應循道而行，唯志道在心，發而爲德行實踐，乃能通行於世而無有窒礙。其中關鍵，乃在於此一「人道」是透過合德聖人，體悟「天道」全體，不存私心，不存思智下，以眾生「得性」爲目標所制定流傳之禮義之道。故皇《疏》所強調的君子之行，乃是「學聖王之道」，「行聖王之道」，但「與道合一」、「德合天地」之究極境界，則唯有「體道照理」之聖人能夠圓滿達成。這裡我們也可以理解，何以皇《疏》對先王典籍，六藝正典的著重會如此強烈。

　　在玄學家倡言玄旨時，其現世關懷與背後的政治主張同樣是不容忽視的。這種現世關懷，乃是自先秦兩漢以降，貫串整個中國思想史的共通意識，即使是被後世指責爲清談誤國的魏晉思想家，特別是其中幾個重要的玄學大家，其思想的源頭，亦未脫離此一關懷。但同樣必須予以強調的是，和兩漢乃至先秦學者不盡相同的是，魏晉以降思想家對整個世界人生的關懷，已具有一種「理序」的觀念。換句話說，當魏晉以降思想家將個體放在永恆的時空中來思考自我的存在問題時，他們所看到的，所面對與思考的，是整個宇宙時空。對個體人生的思考，必須放在這整個包含眾生萬物的宇宙天地大向度下，他們必須重新審視，詮釋整個宇宙萬物的生成與所以然之本體。「性與天道」不能只是存而不論了，這正是必須面對與深刻探索的。因爲只有在眞切體悟萬有大化世界之眞實面貌，才能眞切的體悟個體在時空中存在的位置。

　　換句話說，在先秦孔孟乃至兩漢儒學思想架構下，個體的存在是被安全的包裹在群體的大框架下的。「天人」當然也是重要問題，但不是個體所需要單獨去面對的，至少不是那麼急迫。「天人合一」在更大的層次上來說無寧是由聖王帶領整個人生界去共同完成的。一般芸芸眾生的個體人所必須面對的，在更大的層面上來說，無寧說是整個人生倫理界所構成的大群體。這也就是何以綜觀先秦兩漢，眾家學說主流皆大多聚焦在人生大群體議題上的重要因由。在魏晉，面對宇宙天地，個體是自由的；但落實在人生倫理政治大群體下，聖王角色仍是不容取代的。所改變的是，聖王的「體道」境界與修爲表現，由兩漢綱常德性式，教化式的封建聖君，轉爲道家式因任自然，賦

　　多只著意在莊學中個體超越層次之論述，實則莊書對聖王觀與大我政治議題上之主張，仍有相當大討論與研究空間，郭《注》的詮釋角度就是一個很好的例子。

予眾生性分發展更多空間的眞人／神人式聖人。

　　然而在玄學思潮中，「內聖」的含意雖已遭到置換，但「外王」的框架卻尙未崩解。但同樣必須特別強調的是，當思想焦點由「外王」轉向「內聖」，當思想家由對統馭大群體的「外王」轉向自我追求自我完足的「內聖」，思考視角實則已發生移轉。「內聖」的意涵發生轉變，「外王」的框架也必然產生動搖。其中的關鍵正在於，魏晉以前，往往是立足於「外王」角度以思考「內聖」；但自魏晉以降，乃轉以「內聖」角度關切「外王」。但這並不表示對「外王」議題的需求轉弱，恰恰相反的是，正是因爲對「外王」的渴求如此殷切，所激盪出的張力才會如此強烈。

　　對「內聖」與「外王」的思考，從來都是一體兩面的，當舊有的群體秩序受到崩解，當個體在舊有群體框架下已感到痛苦與無法滿足，正是出於這種對現實人生群體秩序新局面的渴求，促發了對個體究極理想境界的新思考。而當個體理想境界產生移轉，與此相映的，往往是另一種群體秩序與圓滿世界觀的新思考。魏晉玄學家，由何、王到向、郭以降，不論其本體論主張是貴無或崇有，不變的是其對領導者賦予個體殊異性（才性）空間與自由，使其順性發展，並因此導向一自然圓滿世界理序之理想的主張。在這種思維引導下，玄學家理想中的聖人，都呈現出一種具備道家式觀照玄智，能包容眾生殊異性分，給予眾生開放發展空間的含融式聖人形象。在更大層面上來說，是一種結合現實政治秩序「一統」需求，與「個體自覺」新風潮下對「才性殊異」自由空間渴望的新「聖王」形象。

　　從另一方面來說，歸根究柢，還是在於魏晉道本儒末的思想架構下，「天道」與「人道」間畢竟還是有所隔閡的，道家式天地自然無爲之理，與儒學主體下的人倫綱常名理間，僅只依靠本體論中的體用架構，並不足以化解這兩者間所存在的鴻溝。故若欲使其會歸於一，則必待一聖王出而透過文化手段，爲天人之際提供必要的溝通與轉化。

　　寂兮寥兮之理，誠然在本體論高度上，具備究極本根之超越名相之形上高度，但如何將其與人世間綱常倫理相聯繫，事實上不能只以一語帶過。正如牟宗三先生所言：道家之學是以反面遮詮手法去描述道體那難以用人世名言所指攝之究極境界。但反面遮詮之後的道體，實際上已突破超越了一切世間名相與具體價值，這一點在佛教般若學破除一切執著的思想中得到最徹底的發揮。但這樣一種本體，與儒學立足於世間倫理價值的思想主體，勢必有

所隔閡。如果破除到最後，連心性倫常都只是一種執著，那麼世間價值主體，如何能有所依歸？

倫理的肯定終究需要歸源於一種究極主體價值的支撐，佛老「以破爲立」撥詮架構下所描繪之道體，在形上本體高度上誠然是已到達至極的境界。但這個超越世間名相分別的究極本體，如何回過頭去做爲人世倫理主體價值之依歸，則往往難以解答。換句話說，佛老之學與儒學，兩者的終極目標，歸根究柢來說，是有所不同的：一方所求在人世群體與個體的和諧與安頓；一方所願則在超越世間名相，尋求對究極理境的解脫與自得。在這個前提下，不論詮釋者如何力圖彌縫，這層鴻溝的存在，仍然會持續困擾著實踐者。

我們在皇侃《論語義疏》到邢昺《論語正義》中所看到的，正是宋代理學成熟以前，儒者對這個困擾所試圖提出的解決之道，其關鍵，就在於對「聖人」內涵的重新詮釋與角色定位的重新確立。理學所完成的，絕不只是單向的援引佛老形上本體論來填充先秦儒學所未言及之缺口。如果比較魏晉以降玄儒佛調和論者與理學家們的主張，我們才更會理解何以必須說，是到宋代理學以降，才眞正完成中國儒學吸收佛老，建構其儒學新義理體系架構的漫長過程。這也是何以必須承認，理學在對儒學理論架構上之重新建立與轉化，其不可磨滅的功績與建樹。

甚至可以說，早在戰國後期的儒學思想家，特別是受到老莊思想衝擊的《易》、《庸》論纂者，就已在嘗試探索與結合這兩種天人層次了。更進一步說，這不僅是儒學與佛老的交會融釋問題，應該說，這其實是形上本體境界與人間倫理界間應如何融會調適之問題。佛老的思想衝擊只是在時代思潮流變中，給予儒學相映的刺激而已。事實上，對儒學，甚至整個中國思想之發展，這都是一個需要尋求解答的根本問題。

中國思想土壤中對現實人生界所抱有的這種根深蒂固的關懷，好似一恆常的潛流，在不同時空環境下，持續對中國思想史各層面之發展發揮不同層次之影響。落實下來，也就是一種表現在對綱常倫理與政治秩序（經世太平理想）的重視與難以割捨。衍生出來的，是對「個體」情性殊異與「群體」和諧一致的持續討論（「性」與「理」的「一」、「多」問題）；是對超越境界與現實人生界的永恆徘徊（天人/自然名教/「教」、「理」/「理」、「欲」之辨）；是對思古與開新，歷史理想與當下時空的反覆糾葛（「述」與「作」/「經」與「史」/「權」與「變」之取捨）。

在魏晉六朝乃至隋唐的士族門閥社會架構下，這項轉變的思想史意義尚無法完全展露，但其對「性」、「情」，「道」、「理」與「聖人」意涵之思考，早已蘊含建立新「外王」理想之潛在因子。待至宋代，在士族門閥崩解與大量新興士人階級勃興的雙向交替催化下，新的「理序」思考已醞釀完成。與此同時，宋初政治情勢與士人「外王」經世的努力受挫（王安石變法），亦爲此一發展製造了特殊時空背景，進一步完成催化思潮轉向的最後一步。〔註43〕這不僅是皇侃融會儒道所採取的模式，放寬來看，魏晉南朝以降從事玄儒交會努力的思想家們，或多或少都反映出此種思維。相對於此，宋代理學「聖人可學而至」命題中所蘊含之時代思潮轉向意涵，也就益發顯得意義重大。可以說由玄學到理學，才眞正達成中國思想史中「個體自覺」思潮的終極完成。

第四節 小結

我們在上面粗略的討論了皇《疏》與邢《疏》中對聖人形象的不同看法，也討論了《論語》作爲聖人行教典範，在皇《疏》與邢《疏》中得到怎麼樣的定位。尤其是皇《疏》，對於《論語》與聖賢之教的看法，充滿了時代思潮的色彩，皇《疏》的這個特點，使得它在整個中國的《論語》詮釋史中，別具意義。

中國思想史中，對於聖人的重視從來沒有中斷過，思考「聖人」在天地人文世界中所扮演的角色，自始至終都是中國思想傳統中的重要主題。對聖人的渴求深植於中國人的思維中，祈求聖王出世以制法救世，是從先秦延續到後世的共同心聲。對於《論語》的解經者來說，《論語》全書，正是一部最好的聖人行教典範。這裡引起我們注目的，是皇侃從「圓通之教」與「應機作教」來看待、詮釋《論語》中孔子的言談舉止。這種「應機作教」的觀念，其實是當時對於聖人「作教」的普遍看法，不僅皇侃用來詮釋孔子，釋家亦用以詮釋佛陀。此一觀點，更被用來溝通儒佛教理的差異，這裡所展現的三教交流趨勢，頗值得注意。此外，當時南北朝士人與儒佛思潮間的融通情況，以及南北佛學判教思想的流衍與發展，都可以再做進一步考察。

〔註43〕若比較宋初非理學脈絡的儒者——如北宋江西學者的相關主張，即可看出此一由大群體「聖王」架構向個體「學爲聖人」思想脈絡之發展。參見拙文：〈北宋江西學者人性論與聖人觀試析——兼論宋代儒林與道學間的幾點思想差異〉（該文已撰就，即將發表）。

　　既然《論語》被視爲是聖人作教典範之書，那麼對於其中所展現的聖人形象與境界，皇侃與邢昺又是如何描繪的呢？比對之後可以發現，皇《疏》中的對聖人體道境界的發揮，確乎是皇《疏》中玄佛思想最濃郁的部分；而同時我們也看到，邢《疏》對此一部分的剔除，可說是相當的明快，邢昺的儒學意識，在此一層面展現的最爲突出。

　　然而皇《疏》與邢《疏》在聖人觀上有一點畢竟是繩繩相繼的，那就是對聖人在整個人倫自然界中所扮演的引導調理角色。從皇《疏》到邢《疏》，對這點都是相當肯定與重視的。並且對他們來說，聖人不僅是生而成之，更是不可學至的。這裡我們不禁想問的是：當皇侃與邢昺對聖人的定位都向「境界」意涵爬升時，何以聖賢與凡人間的界線仍然必須那麼絕決呢？問題的焦點，還是在於對「天道」與「人道」的理解，是割裂的兩個層次。形上道體是玄道式的虛無道體，和人所當行的人世倫理，兩者間該如何溝通？這時就需要體悟玄道，與天地合德的聖人來加以溝通轉化了。

　　然而聖凡雖是「道絕」而無通之的可能，但非聖的賢凡之人亦無須失落，因爲即使是聖人，也需要賢人啓發、輔佐。不論聖賢凡，都有其在天地間所需扮演的角色。在這種冥冥天地理序的安排下，不同性分的個體仍然能找到他生存的價值，這樣一來，人人都不需比較，只要安於當下，扮演好各自的角色，就能各得其宜而同致太平。這是一種從有生之初即安排好的宇宙秩序，也是皇侃與邢昺從《論語》的詮釋中所呈現出來的世界。

第五章　結　論

　　總結以上諸章，筆者嘗試從皇侃《論語集解義疏》與邢昺《論語正義》
對《論語》中的「性」與「情」，「道」與「理」，以及聖人之教等主題概念的
解釋，來看皇侃與邢昺詮釋《論語》的特色。

　　首先在「解經思想中的人性論」一章中，筆者初步討論了皇《疏》與邢《疏》
中的「性」、「命」、「情」等觀點。首先引起我們注目的，是皇《疏》中對於人
性問題的討論，較之何晏《論語集解》，明顯豐富很多。僅僅是在「性相近，習
相遠」與「惟上智與下愚不移」一章中，就看到皇侃放進了好幾個人性論的重
要主題。首先涉及的是性情的體用動靜關係，與此相連的，是「性」的「無善
惡」與「有濃薄」意涵。「無善惡」隱含有超越形下相對善惡之發用，賦予了「性」
一種形上本體的超越意涵。與此呼應的，是強調「性」的「人生而靜」，從動靜
寂感來分判並貫串性情的體用架構，突破兩漢糾結於陰陽善惡的性情二元論。
然而，以「無善惡」來詮釋「性」，雖然賦予了性體形上超越的意涵，卻也掏空
了人之本性與倫理行為的根源連結。「情」感物發用之正邪，是否能合於倫理綱
常，成為一種空洞的保證。同時以「性」為「有濃薄」，雖然肯定了性品歧異的
先天性，卻更進一步削弱了倫理綱常所需的統一根源標準。皇《疏》中這種調
和儒道人性觀點的人性論述，充滿了濃厚的過渡性色彩。

　　相對於此，邢《疏》對這個問題，似乎已有了初步的覺察。雖然尚沒有
能力建構出全新的儒學人性論，但至少在「性近習遠」這一章中，邢昺只延
續了性「所稟受以生而靜者也，未為外物所感」的性靜情動體用架構；至於
皇《疏》中那種以「性」為「無善惡」而「有濃薄」的論點，在邢《疏》中
都已看不到了。這或許也可視為理學人性論成熟前，人性觀思考起步的一個

指標。

　　然而皇《疏》與邢《疏》中人性觀的承襲點還是有的，最明顯的就是性三品的人性架構。與此相映的，在性品有天生等第才性差異的觀點下，皇《疏》與邢《疏》都強調了一種「中人易染」的觀念。當然這一點並不讓人意外，因爲從漢代開始盛行的性三品說，其經典根據就是《論語》的「中人以上可以語上也，中人以下不可以語上也」與「唯上智與下愚不移」兩章。此二段引文，自漢初依照性三品說觀點予以詮釋後，遂成爲主張性三品說者堅實的經典依據，況且此語出自孔子之口，自然具備了最高的義理權威性。此亦可見經典詮釋在思想建構上所扮演的關鍵角色。

　　「性三品」說的意義，從漢代開始，就是爲了強化聖人行教的重要性與必然性。這一點我們在皇《疏》與邢《疏》中也同樣看得到，並且表現得相當明顯。可見從六朝到魏晉，對於一個行教輔世的聖王形象的企求，仍然是相當強烈的。這個思維，即使到宋初仍是延續不斷，一直要到王安石變法失敗，才轉而向「內聖」的思維方向發展。

　　但是「性三品」說在皇《疏》與邢《疏》中，還有另一層意義，那就是傳達「性各有能」、「人性各異」的觀點。在漢儒粗具雛形的性三品說中，主要的關注焦點是放在聖人行教以引導無法自足的廣大中民上；到了皇《疏》，性三品說加入了另一層意義，就是肯定不同才能性品的才性殊異。皇《疏》對於《論語》中的弟子時人，往往自其才性歧異的角度加以探討，充滿了時代對個體存在自覺的關切。相對於兩漢僅關注在人性善惡的單一主題，我們在皇《疏》看到的，是魏晉開始萌芽的，對人性「歧異」、「殊別」層次的探討。

　　這種才性觀背後的理論根據，是一種稟氣成性的氣性觀，皇《疏》與邢《疏》對於「性」的定義，主要都是放在一個「生」上面。所謂「生」者，正指稟氣以生，皇《疏》云：「稟天地之氣以生曰性。性，生也。」人性既是稟氣以生，故有濃薄之異，性分之別。這個思想，皇《疏》與邢《疏》都共同肯定，即使到理學也仍然延續。但是皇《疏》與邢《疏》對氣性問題的描述並不止於此。稟氣雖人人有別，但所稟之氣的具體內容是什麼呢？這裡就牽涉到了五常氣性的問題。五常氣性說是從漢儒已有的觀念，可以說基本上皇侃與邢昺都是承繼了這個觀點，但又有所不同。首先是相對來講，邢《疏》比皇《疏》對五常氣性的倫理性方面，更爲強調。這和邢《疏》直接引述《白虎通》與《禮記注疏》，當然也有關係；至於皇《疏》，雖然也沿用五常氣性

之說，卻轉換了具體德性內涵，成為非常具有玄佛色彩的「五常」之德。這裡我們可以看出皇《疏》與邢《疏》不同的解經性格。

但五常氣性觀的問題在於，氣性與儒學主體價值「仁義禮智信」之間的關係究竟如何？仁義禮智信既內在於人稟生氣性之中，自然而有。此一自然才樸之性中，是否可謂有理寓焉？以氣稟言性，即以生言性。生既以創造不息、自無出有為義，則「性」亦於本始材樸中，具有虛靈不昧、恒寂恒感之德；感物而動，則謂之曰情。善不能自成，以情欲累之也；故必待教化，此所以必言聖人垂教。這裡就涉及了「性」與「理」意涵的問題，如此我們轉入下一章「道」與「理」的討論中。

在「解經思想中的『道』與『理』」一章中，我們發現在皇侃與邢昺《論語》注疏中，「道」與「理」概念的演變是有發展脈絡可尋的。對於何晏《集解》初步表露出的形上道體意涵，皇《疏》進一步以「通而不擁」解之。「通」概念象徵的，是一種打破世間名相隔閡，尋求萬物共通本體的思考。在魏晉時期玄學思想家王弼及郭象的注疏中，也能找到「道」能「通物」概念的蹤跡。此一以「通物」解「道」的觀念，並非皇侃與六朝時期的獨見，透過《五經正義》的中介，我們看到它如何延續到宋初邢《疏》中。以「通物」解「道」，成為皇《疏》與邢《疏》對「道」之意涵的共同詮釋。雖然事實上，影響邢《疏》更重要的思想來源，乃是《五經正義》，而非皇《疏》。

這種打破事物名相侷限，尋求本體「道」本的思想意識，落實到「天道」與「人道」的意涵的了解時，也連帶產生影響。首先是在「天道」的部分，雖然在少數章節中，還是能找到延續漢代天人感應餘韻的天道觀點，但皇《疏》與邢《疏》中更明顯突出的，乃是淵源於《易傳》中「元亨日新」的抽象精神主體，取代漢代偏向物質性與經驗性思維意識下以元氣象數所擬構的天道形象。然而，在「天道」意涵向抽象本體與天地運生規則發展的同時，「天道」與一般凡人間的距離卻越來越遙遠了。從《集解》到皇《疏》、邢《疏》，都是以「天道」為「深遠」、「深微」，非「人道」所能知，故百姓雖日用而不能知。這麼一來，天人之間的界線反而更加隔絕。在這種情況下，稟醇清之氣以生，能與天地合德的「聖人」，其在溝通天人中所扮演的角色也就更為關鍵了。

透過「知道」、「體道」聖人的中介與轉化，深遠玄妙之「天道」，落實於人生界，成為一人人可循而行之的人事之道。所以在皇《疏》與邢《疏》中，並不只有天道的層面，事實上，對於人文之道的肯定，也貫串在皇《疏》與

邢《疏》的注疏中。更引人注意的，是皇《疏》與邢《疏》中都強調學「先王之道」與「先王遺文」，這再次提醒了我們，從皇《疏》到邢《疏》，都沒有忽視孔子人文教化之道的重要性。雖然天道玄妙難知，但落實於人世，經過古聖先王制禮作樂的轉化，並將此一禮樂之道記載於五經典籍之中，成為士君子人所共同應該學習並實踐的典範。此一觀念，可說是延續兩漢以來對先王禮樂之道的尊崇，但值得注意的是，這個對先王之道的肯定，已不僅是立足於歷史傳承的權威上，而是本於一種稟源自天地間本體天道，與天地理序相符合之信念。先代聖王之所以留下這樣的禮樂之道，乃是本於對天地理則的體悟後所做的轉化，故世人循此先王之道而行，即是循天地理序而行，自然能無往而不通。皇《疏》在「誰能出不由戶，何莫由斯道也」章所言：「人生得在世，皆由於先王道理而通」，就是一個最好的注語，這是將「道」能「通物」意涵具體落實於人文界之後的一種新理解。相比之下，邢《疏》對「先王遺文」的重視較之皇《疏》更為強烈，顯見儒學文化觀在皇《疏》中雖並未中斷，但是在邢《疏》中回流的趨勢是更為明顯了。

順著這個思路前進，「理」概念的發展其實已經呼之欲出了。前輩學者早已言及，「理」概念在中國思想史中的演變，魏晉時期是一個關鍵期。特別是王弼與郭象的著述中，留下很多重要的資料，顯見「理」範疇的演化，絕非宋儒獨代的專利，而是溯源自魏晉六朝時期已開端之繼進發展。所以在皇《疏》中，即可找到相當多「理」概念發展的軌跡。特別是皇《疏》所處的時代，正是玄、儒、佛三教思潮交會顛峰期的梁朝，所以在皇《疏》中，不僅能找到玄學家對「理」概念的開闊，同時也能找到佛學思想在「理」之意涵上的開展。以「事」與「理」觀念的發展來說，雖然在王弼時已有援「理」解「道」，並提出「理」、「事」對立之說，但諸如皇《疏》中所出現「理事雙該」、「理在事前」、「事理無惡」這樣進一步的事理關係建構思考，卻不得不讓我們與佛學理事觀發展相聯繫。這些在皇《疏》中所呈現出之「理」概念演變發展，為我們探詢中國思想史中「理」意涵發展的脈絡提供了重要的參考線索。相對於此，邢《疏》卻並沒有延續這些「事」、「理」關係意涵的疏文，顯然皇侃這些疏語中濃厚的佛學思想色彩，已成為邢《疏》刪節的目標之一。這種納玄而排佛的傾向，和《五經正義》的態度是相當接近的，這也讓我們再次看到《五經正義》在思想上對邢《疏》的影響。

然而「理」概念的發展並不是孤立的，它所象徵的是整個時代思潮的發

展趨勢。「理」概念上升的同時，「道」的意涵也悄悄的在轉移中了。以「通」解「道」，和以「理」解「道」，可說是同一種思考脈絡下的產物。我們在皇《疏》中，看到孔子的「正道」，如何逐漸地改以「正理」來理解，其中所展現出的，是本屬於「應然」意涵的「道」，如何轉由「必然」意涵的「理」來理解。以「理」解「道」，本身即是一種自然與人文結合的思考，所以「道」能「通物」，所通者不僅是人事之理，亦包含自然萬物之理。從魏晉開始，個體人的存在，已經不僅是立足於人生界，更是要挺立於宇宙間。天人的溝通，雖然還有聖人代為引導、中介，但當「理」的網絡含醞、聯繫了整個天人世界，眾生與聖人，其實是以一種平等的視角，共同面對這整個天人宇宙界的。所以在理學的時代，才會看到要求個體以聖人為典範，單獨承擔究極境界追求的思考。對於此一發展，佛學思想的影響，當然是極為關鍵的，我們在皇《疏》與邢《疏》中，看到的正是這個思想脈絡的發展過程。

對於「一貫」和「理極」意涵的發揮上，在皇《疏》和邢《疏》中，更可以看到此一問題的發展。體用本末觀是魏晉思想重心，不過皇《疏》除了能找到玄學「舉本統末」的思想外，也能找到以儒門「仁義善道」為「本」的注語，顯見皇《疏》即使沿襲了時代精神對本末的關注，但亦未全然背離儒學價值；這和皇《疏》與邢《疏》皆強調先王之道與正道、正理的觀點是一致的。將玄學的本體論與政治理想，和儒學的倫理與先王之道的傳統結合起來，是皇侃《論語》詮釋的特色。在這個基礎上，更不能忽視皇《疏》與邢《疏》對孔子「一貫之道」疏語所流露出的思想演進。皇《疏》眾理歸於一極之說，可說是一多觀點思考的一個初步展現，此種理極觀，對於其後思想史的發展影響是很大的。

按「一本」之說，乃是六朝時期思想家的共識，更是三教調和論者用以溝通玄儒佛義理架構的利器。由「理有會」、「執一統眾」之說，發展出「極不可二」、「生生之類，同稟一極」的觀點，到了佛學中，更轉為「理不可分」、「宗極無二」、「理至歸一」的「一極」信念，為後之「頓悟」說提供思想根據。這與後世理學的「理一分殊」觀點，其間的承繼關係是無法抹滅的。特別是在皇《疏》與邢《疏》中對孔子「一以貫之」的詮釋中，恰巧看到由「一道」統「萬理」，向「一理」統「萬理」的思想演進。「一道」與「一理」的差別，在於行「道」必待一行道主體，而這個行道主體並不是任何個體皆可以擔任的。換句話說，真正落實下來，「執一統眾」乃是少數具有統領眾人才

分者的責任，也就是聖人。所以從《集解》到皇《疏》，對「人能弘道」章的理解都是「才大者，道隨大；才小者，道隨小」。在這種情況下，在皇《疏》的世界裡，聖人在天地間所扮演的角色有多麼重要，已是不言可喻了。事實上，《論語》中所展現的孔子行教之道，正是皇《疏》詮釋《論語》的焦點所在。所以筆者在下面的一章中所接續討論的，即是「聖人境界」與「聖人行教之道」在皇《疏》與邢《疏》中所展現之意涵。

經過前面人性論與道理觀的比較討論，不難想見皇《疏》與邢《疏》思想架構中的孔子聖人，絕對是不可學而至的。我們在皇《疏》與邢《疏》中看到的，也確實是一個具有玄妙超越境界，如天不可階而升的聖人形象。既然人在稟氣而生之初，即有天生性分品等的差異，而同時賢人以下的中人是「易染」的，那麼聖人當然必須超絕於外，肩負起引導教化眾生的職責。對於《論語》的解經者來說，《論語》全書，正是一部最好的聖人行教典範。這裡引起我們注目的，是皇侃從「圓通之教」與「應機作教」來看待、詮釋《論語》中孔子的言談舉止。這種「應機作教」的觀念，其實是當時對於聖人「作教」的普遍看法，不僅皇侃用來詮釋孔子，釋家亦用以詮釋佛陀。此一觀點，更被用來溝通儒佛教理的差異，這裡所展現的三教交流趨勢，頗值得注意。此外，當時南北朝士人與儒佛思潮間的融通情況，以及南北佛學判教思想的流衍與發展，都可以再做進一步考察。

既然《論語》被視為是聖人作教典範之書，那麼對於其中所展現的聖人形象與境界，皇侃與邢昺又是如何描繪的呢？比對之後我們發現，皇《疏》對聖人體道境界的發揮，確乎是皇《疏》中玄佛思想最濃郁的部分，而邢《疏》對此一部分的剔除，可說相當明快，邢昺的儒學意識，在此一層面展現得最為突出。

從解經方法上，也可見皇《疏》與邢《疏》解經意識的不同。在解經過程中，邢《疏》訴諸儒門正統經典的意識較之皇《疏》要強得許多。這也使得它更容易被正統化的官方儒門經典所影響，如《白虎通》、如《五經正義》。相對於此，皇侃「以示廣聞」的解經態度，使其《疏》中收羅了大量的六朝經注。即使這些解注同在一章之中，出現了彼此矛盾或與《集解》注意有所歧異，皇侃仍然本著開放而並存異說的態度一併保留下來。儘管這些觀點和皇侃本身也未必相符，但是皇侃只要認為他言之有故，仍然會加以採錄，而在末尾再自下己意予以辯證。因此本書的駁雜或許被視為是缺點，但亦是其

特點所在。事實上，皇侃在羅列這些解說時，也不是毫無別擇的。雖然有時他僅只羅列眾家異說，但有時也會自下己意予以評論，而有時往往更會調解這些解說與《集解》之間的差異所在（儘管往往不真如其說）。從後代注疏學的觀點來看，皇《疏》可能比較像一個半成品，但這卻讓皇侃這部《論語義疏》，在整個中國經學詮釋傳統中，更加成為一個具有特殊代表意義的過渡之作。也讓我們體會到，由六朝的義疏體，向後代正義體的發展過程中，其實是經過了相當的演變的，唐代孔穎達等人編修《五經正義》，無疑扮演了一個關鍵性的角色。

這種演變的一個明顯差異，就是「疏不破注」原則的確立。在皇《疏》中，「疏不破注」並沒有被當作一種牢不可破的前提（雖然皇侃直接挑戰《集解》的地方也不多，大部分都是勉為調解）；到了邢《疏》中就不同了，不僅「疏不破注」是基本的原則，皇侃超出《集解》所做的發揮，邢昺也多半不取。此外，邢《疏》中再也看不到像皇《疏》中那種直接把眾家異說並列，並且還予以對答討論的作法。皇《疏》中自作問答以疏解經意的地方就出現了二十餘次之多，相比之下，邢《疏》去除枝節，統一於一個簡單明快義解的意識相當明顯。正是這種「統定於一尊」與「廣存異說」的解經出發點差異，造就了皇《疏》與邢《疏》不同的解經表現，而這種解經性格的差異，本身可說就是時代精神的最好反映。這讓我們再次感受到，時代思潮與經典詮釋間，是如何存在著一種不可分割的緊密互動，在皇《疏》與邢《疏》中看到的，正是這種互動的一次展現〔註1〕。

〔註 1〕 「義疏」與「正義」在體式與解經態度上，尚有若干可作討論比較的空間，
望俟諸來日再作詳論。

參考文獻

一、古典原籍及注疏

（一）《四書》類傳注與著作

1. 《論語義疏》魏・何晏集解、梁・皇侃義疏、日・武內義雄校刊，嚴靈峰主編《無求備齋論語集成》第五冊，影印日本大正十二年（1923 年）大阪懷德堂排印本。

2. 《論語集解義疏》二十卷，魏・何晏集解、梁・皇侃義疏，臺北，廣文書局，1977 年，影印清乾隆四十一年至五十九年（1776～1794）長塘鮑氏刊本《知不足齋叢書》第七函。

3. 《論語義疏校勘記》日・武內義雄撰，《無求備齋論語集成》第二十八冊，影印日本懷德堂排印本。

4. 《論語釋疑（輯佚）》，《王弼集校釋》晉・王弼／撰、樓宇烈／校譯，北京，中華書局，1980 年 8 月版。

5. 《論語筆解》舊題唐・韓愈、李翱撰，《叢書集成新編》第十七冊，據中央圖書館藏明范欽校刊本影印，臺北，新文豐出版公司，民國七十四年版。

6. 《論語注疏》二十卷，魏・何晏集解、宋・邢昺疏，《十三經注疏》第八冊，臺北：藝文印書館，1987 年 8 月初版第十三刷，影印嘉慶二十年江西南昌府學本。

7. 《四書章句集注》宋・朱熹撰，臺北，大安出版社，民國八十五年版。

8. 《論語正義》清・劉寶楠撰，臺北，藝文印書館、論語集成本，1966 年版。

9. 《論語集釋》四十卷，程樹德撰、程俊英、蔣見元點校，北京，中華書局，1990 年 8 月第一版。

（二）經史相關古籍

1. 《周易正義》魏‧王弼、晉‧韓康伯注、唐‧孔穎達疏，《十三經注疏》第一冊臺北：藝文印書館，1987 年 8 月初版第十三刷，影印嘉慶二十年江西南昌府學本。

2. 《禮記正義》漢‧鄭玄注、唐‧孔穎達疏，《十三經注疏》第五冊，臺北：藝文印書館，1987 年 8 月初版第十三刷，影印嘉慶二十年江西南昌府學本。

3. 《說文解字注》漢‧許慎撰、清‧段玉裁注，臺北，黎明文化事業公司，民國七十五年十月增訂版。

4. 《漢書》漢‧班固撰，北京：中華書局《二十四史》，1997 年 11 月。

5. 《後漢書》南朝宋‧范曄撰，北京：中華書局《二十四史》，1997 年 11 月。

6. 《梁書》唐‧姚思廉等撰，北京：中華書局《二十四史》，1997 年 11 月。

7. 《宋史》元‧脫脫等撰，北京：中華書局《二十四史》，1997 年 11 月。

8. 《中興館閣書目》宋‧陳騤撰、民國‧趙士煒輯考，臺北，成文出版社，1978 年 5 月版。

9. 《郡齋讀書志》宋‧晁公武撰，臺北，臺灣商務印書館，民國五十七年版。

10. 《直齋書錄解題》宋‧陳振孫撰，臺北，臺灣商務印書館，1978 年 5 月版。

11. 《四庫全書總目提要》清‧永瑢、紀昀領銜撰，臺北，臺灣商務印書館，1965 年。

12. 《經義考》清‧朱彝尊編，合肥，安徽教育出版社，2002 年。

13. 《大正新脩大藏經》臺北，新文豐出版社，1983～88 年。本文所引用之《弘明集》、《廣弘明集》皆採用藏經本。

14. 《高僧傳》梁‧釋慧皎／編，北京，中華書局，1992 年 10 月。

（三）諸子、筆記、文集之類

1. 《荀子集解》唐‧楊倞注、清‧王先謙集解、沈嘯寰、王星賢／點校，北京，中華書局，1988 年。

2. 《新書校注》漢‧賈誼／著、閻振益、鍾夏／校注，北京，中華書局，2000 年 7 月。

3. 《春秋繁露義證》漢‧董仲舒／撰、清‧蘇輿／義證、鍾哲／點校，北京，中華書局，1992 年。

4. 《白虎通疏證》漢‧班固／撰、清‧陳立／疏證、吳則虞／點校，北京，

中華書局，1997 年 10 月。

5. 《論衡校釋》（附《劉盼遂集解》）漢·王充／撰、黃暉／校釋，北京，中華書局，1996 年 11 月。

6. 《人物志今註今譯》晉·劉劭／撰、陳喬楚／註譯，臺北，臺灣商務印書館，1996 年 12 月初版第一次印刷。

7. 《王弼集校釋》晉·王弼／撰、樓宇烈／校譯，臺北，華正書局，1990 年 12 月。

8. 《列子集釋》晉·張湛／撰、楊伯峻／集釋，北京，中華書局，1992 年。

9. 《莊子集釋》晉·郭象／注、唐·成玄英／疏、陸德明／釋文、清·郭慶藩／集釋，臺北，萬卷樓圖書有限公司，1993 年。

10. 《世說新語箋疏（修訂本）》南朝宋·劉義慶／撰、南朝梁、劉孝標／注、余嘉錫／箋疏、周祖謨、余淑宜、周士琦／整理，上海，上海古籍出版社，1993 年。

11. 《文心雕龍義證》南朝梁·劉勰／撰、詹鍈／義證，上海，古籍出版社，1989 年 8 月。

12. 《二程集》宋·程顥、程頤，臺北，漢京出版社，民國七十二年版。

13. 《周易本義》朱熹撰，臺北，大安出版社，民國八十八年。

14. 《朱子語類》宋·黎靖德／編，王星賢／校點，北京，中華書局，1994 年 3 月版。

15. 《東塾讀書記》清·陳澧／撰，臺北，臺灣商務印書館，1967 年版。

二、近代學術論著

1. 《論語集解、皇疏、邢疏、集注、正義諸家異解辨證》陳如勳撰，臺北，文津出版社，1986 年 2 月版。

2. 《唐寫本論語鄭氏注及其研究》王素／編著，北京，文物出版社，1991 年 11 月版。

3. 《皇侃之經學》陳金木撰，國立編譯館印行，1995 年 8 月初版。

4. 《今存南北朝經學遺籍考》簡博賢撰，黎明文化事業股份有限公司，1975 年 2 月版。

5. 《吳檢齋遺書》吳承仕撰，北京：中華書局，1984 年 3 月，頁 146。

6. 《經典釋文序錄疏證》吳承仕撰，臺北，崧高書社，民國七十四年四月版。

7. 《增注經學歷史》皮錫瑞／撰、周予同／注，臺北，藝文印書館印行，1996 年 8 月初版 3 刷。

8. 《中國經學史論著選集》林慶彰編，臺北，文史哲出版社，民國八十二

年三月初版。

9. 《中國哲學史（增訂本）》馮友蘭撰，臺北：臺灣商務印書館，1996 年 11 月，頁 105。

10. 《中國學術通義》錢穆撰，臺北，學生書局，民國七十一年增訂三版。

11. 《孔子與論語》錢穆撰，聯經出版事業公司，1979 年 8 月第四次印行。

12. 《莊老通辨》錢穆撰，臺北，東大圖書公司，1991 年 12 月。

13. 《中國學術思想論叢》錢穆撰，臺北：蘭台出版社，2000 年 11 月。

14. 《漢魏兩晉南北朝佛教史》湯用彤撰，北京：北京大學出版社，1997 年 9 月。

15. 《理學、佛學、玄學》湯用彤撰，北京，北京大學出版，1991 年第一版。

16. 《魏晉玄學論稿》湯用彤撰，上海，上海古籍出版社，2001 年 6 月。

17. 《陳寅恪先生論文集》陳寅恪撰，臺北：九思出版社，1977 年。

18. 《魏晉南北朝史論叢》唐長孺撰，北京，三聯書局，1955 年。

19. 《梅園論學續集》戴君仁撰，臺北，藝文印書館，1974 年 11 月版。

20. 《中國哲學大綱》張岱年撰，北京，中國社會科學出版社出版，1982 年 8 月第一版第一刷。

21. 《中國通史簡編》范文瀾撰，上海，上海書店，1989 年。

22. 《魏晉思想史論》劉大杰撰，收錄在《魏晉思想》（臺北：里仁書局，1984 年 1 月）甲編五種中。

23. 《中國哲學範疇發展史（天道篇）》張立文撰，臺北，五南出版社，民國八十五年初版。

24. 《玄學通論》王葆玹撰，臺北，五南出版社，1996 年版。

25. 《中國心性論》蒙培元撰，臺灣，學生書局，民國七十九年版。

26. 《儒道天論發微》傅佩榮撰，臺北：臺灣學生書局，1988 年 8 月。

27. 《中國知識階層史論（古代篇）》余英時撰，臺北，聯經出版事業公司，1980 年。

28. 《漢末人倫鑑識之總理則──劉邵人物志研究》江建俊撰，臺北，文史哲出版社，1983 年 3 月版。

29. 《中國聖人論》王文亮撰，北京，中國社會科學出版社，1993 年 4 月。

30. 《從聖賢人格到全面發展──中國理想人格探討》朱義祿撰，陝西，人民出版社，1992 年 6 月。

31. 《唐代後期儒學的新趨向》張躍撰，臺北，文津出版社，1993 年 4 月。

32. 《王弼評傳》王曉毅撰，南京，南京大學出版社，2002 年 5 月。

33. 《中國經學思想史‧第二卷》北京，中國社會科學出版社，2003 年 9 月。

34. 《興膳宏《文心雕龍》論文集》興膳宏／撰、彭恩華／編譯，濟南，齊魯書社，1984 年。

35. 《宋儒之目的與宋儒慶曆至慶元百六十年間之活動》日・諸橋轍次／撰、唐卓群／譯，南京，首都女子學術研究會，1937 年 7 月版。

36. 《中國人之思維方法》日・中村元／撰，臺北：臺灣學生書局，1991 年。

37. Peter K. Bol, *"This Culture of Ours"-Intellectual Transitions in T'ang and Sung China*, Stanford University Press, California, 1992。中文譯本見包弼德著、劉寧譯：《斯文：唐宋思想的轉型》，江蘇：人民出版社，2001 年。

三、期刊與論文

（一）期刊及單篇論文

1. 〈中國歷代《論語》學之詮釋形態及其方法論〉江乾益撰，《興大中文學報》第 8 期，1993 年。

2. 〈論語版本源流考析〉昌彼得撰，《故宮學術季刊》，第十二卷第一期。

3. 〈《論語》稱經的經過〉黃錦鋐撰，《孔孟月刊》37 卷 7 期，總 439 期，1999 年。

4. 〈《論語》的成書流傳和整理〉孫欽善撰，《北京大學古文獻研究所集刊（一）》，北京，北京燕山出版社，1999 年。

5. 〈何晏《論語集解》的思想特色及其定位〉，蔡振豐撰，《台大中文學報》第十五期，2001 年 12 月。

6. 〈王弼《論語釋疑》中的老子義〉林麗真撰，《書目季刊》第二十二卷第三期，民國七十七年十二月，頁 34～61。

7. 〈王弼「性其情」說析論〉林麗真撰，《王叔岷先生八十壽論文集》，臺北，大安出版社，1993 年，頁 599～609。

8. 〈魏晉人性論研究〉錢國盈撰，《師範大學國研所集刊》第三十六號，民國八十一年五月。

9. 〈王弼「性其情」的人性遠近論〉周大興撰，《中國文哲研究集刊》第十六期（民國八十九年三月），頁 339～371。

10. 〈郭象「論語體略」試探〉陳正榮撰，《孔孟月刊》17 卷 4 期，1987 年 12 月，頁 14～16。

11. 〈論語皇疏校本序〉吳承仕撰，《制言半月刊》第三期（1935 年 10 月），頁 267～268。

12. 〈皇侃論語義疏的內涵思想〉戴君仁撰，《孔孟學報》第二十一期，1971 年 4 月，頁 15～30。

13. 〈皇侃論語集解義疏的性質和形式〉戴君仁撰，《中央圖書館館刊》第三卷第三、四期，1970 年 10 月，頁 1～7。

14. 〈評論皇侃義疏之得失〉董季棠撰，《孔孟學報》第二十八期、二十九期，1974 年 9 月、1974 年 10 月，計 43 頁。

15. 〈論語皇本異文舉要〉董季棠撰，《孔孟學報》第二十三期，1972 年 4 月，頁 99～122。

16. 〈皇侃論語義疏中玄學思想之評論〉侯迺慧撰，《孔孟月刊》25 卷 4 期，1986 年 12 月，頁 18～28。

17. 〈中國所藏《論語集解》、《論語義疏》日本版本述要〉王海明撰，《古籍整理研究學刊》1988 年第 12 期，總第 16 期，1988 年 12 月，頁 38～42。

18. 〈王望與「知不足齋叢書本」本「論語義疏」〉顧洪撰，《文史》第 28 輯，北京，中華書局，1987 年 3 月，頁 270。

19. 〈唐寫本《論語皇疏》的性質及其相關問題〉李方撰，《文物》1988 年第 2 期，總第 381 期，1988 年 2 月，頁 49～55。

20. 〈論皇侃的論語義疏〉孫述圻撰，《中國經學史論文選集》上冊，文史哲出版社印行，1992 年 10 月，頁 604～618。

21. 〈皇侃「論語義疏」的人類觀〉（日）內藤幹治／撰，《國際孔學會議論文集》，臺北，國際孔學會議大會秘書處，1988 年 6 月，頁 925～934。

22. 〈論儒、釋兩家之講經與義疏〉牟潤孫撰，《新亞學報》第四卷第二期，1958 年 8 月。

23. 〈經疏的衍成〉戴君仁撰，《孔孟學報》第十九期，1970 年 4 月。

24. 〈隋、唐經籍及義疏之學的探討〉李威熊撰，《孔孟學報》第四十八期。

25. 〈王弼、何晏的經學〉戴君仁撰，《孔孟學報》第二十期，1970 年 9 月。

26. 〈魏晉南北朝時期的經學〉牟鍾鑒撰，《中國經學史論文選集》上冊，臺北，文史哲出版社印行，1992 年 10 月初版。

27. 〈六朝儒經注疏中之佛學影響〉張恆壽撰，《中國經學史論文選集》上冊，臺北，文史哲出版社印行，1992 年 10 月初版。

28. 〈王弼之《周易》《論語》新義〉湯用彤撰，《中國經學史論文選集》上冊，臺北，文史哲出版社印行，1992 年 10 月初版。

29. 〈《論語筆解》試探〉王明蓀撰，《中國經學史論文集》上冊，臺北，文史哲出版社，1992 年 10 月初版，頁 702～730。

30. 〈唐代後期經學的新發展〉林慶彰撰，《中國經學史論文選集》上冊，臺北，文史哲出版社印行，1992 年 10 月初版。

31. 〈南朝《論語》學之孔顏聖賢論〉濮傳真撰，《北市師院語文學刊》1 期，

1994 年。

32. 〈論語邢昺正義述評〉胡健財撰，《孔孟月刊》第 27 卷第 2 期，總第 314 期，1988 年 10 月，頁 13～17。

33. 《論語》邢昺疏研究〉蔡娟穎撰，《國立臺灣師大國研所集刊》35 期，1991 年。

34. 〈氣質之性源於道教說〉李申撰，《道家文化研究》第五輯，上海：上海古籍出版社，1994 年 11 月。

35. 〈從司馬承禎、王玄覽看唐代道教對宋明理學的影響〉陳澍撰，《中國道教》第 2 期，1996 年。

36. 〈張載心性論對張伯端內丹學說的影響〉常裕撰，《山西大學學報（哲學社會科學版)》第 3 期，1999 年。

37. 〈從朱子論語注論程朱孔孟思想歧異〉錢穆撰，《清華學報》新 4 卷 2 期，1964 年 6 月，頁 50～75。收入《孔子與論語》錢穆撰，臺北，聯經出版事業公司，1974 年 9 月。

38. 〈談朱子的論語集註〉錢穆撰，《孔孟月刊》6 卷 5 期，1968 年 1 月，頁 28～32。收入《孔子與論語》錢穆撰，臺北，聯經出版事業公司，1974 年 9 月。

39. 〈瞭解《論語》的方法——並簡論漢宋學派對《論語》的解釋〉黃彰健撰，《孔子誕辰 2540 周年紀念與學術討論會論文集（中)》，上海，三聯書店，1992 年 5 月，頁 1542～1579。

40. 〈經典傳統中注與疏之關係〉，張寶三撰，《「孔學與二十一世紀」國際學術研討會論文集》，臺北，政治大學文學院印行，2001 年 10 月，頁 315～338。

41. 〈校論語義疏雜識〉日・武內義雄／撰、江俠庵／譯，《先秦經籍考》中冊，上海，商務印書館，1933 年（昭和 8）10 月，頁 69～98。臺北，河洛圖書出版社，1975 年（昭和 50）10 月。

42. 〈皇侃論語義疏と朱熹論語集注〉日・福田忍／撰，《中國哲學》第 18 號，1989 年（平成 1）9 月，頁 11～21。

43. 〈「論語義疏」と梁代佛教〉日・石橋成康／撰，《印度學佛教學研究》第 37 卷 2 號，1989 年（平成 1）3 月，頁 601～604。《中國關係論說資料》第 31 號，第 1 分冊（下），1989 年（平成 1），頁 12～14。

44. 〈論語集注における皇疏參酌の態度〉日・大槻信良／撰，《東方學》第 59 輯，1980 年（昭和 55）1 月，頁 89～95。

（二）學位論文

1. 《孔穎達周易正義研究》龔鵬程撰，黃錦鋐指導，國立臺灣師範大學國

文研究所碩士論文，1979 年。

2. 《魏晉論語學考述》柯金木撰，董金裕指導，國立政治大學中國文學研究所碩士論文，1990 年。

3. 《五經正義研究》張寶三撰，張以仁指導，國立臺灣大學中國文學研究所博士論文，1992 年。

4. 《魏晉論語學之玄學化研究》江淑君撰，戴璉璋、楊祖漢指導，國立師範大學國文研究所博士論文，1997 年。

5. 《皇侃論語集解義疏研究》高荻華撰，岑溢成指導，國立中央大學中國文學研究所碩士論文，2000 年。

6. 《氣質之性研究》林永勝撰，楊儒賓指導，國立清華大學中國文學研究所碩士論文，2001 年。

附錄：從王弼「性其情」說到
程頤「性其情」說

王家泠

摘　要

　　性情問題一直是中國人性論極重要的一環，正始玄學的開創大師王弼首度提出以「性其情」作注，其後宋代程頤在〈顏子所好何學論〉中再度襲用「性其情」一詞及部分概念，然而二人的學說，一屬玄學，一屬理學，雖皆襲用「性其情」一詞，其中所蘊含的意義是否有所不同？本文在第一部份將先針對王弼「性其情」說的性情架構與性說意涵予以討論，並嘗試探求王弼「性其情」說中所隱含的兩種性說發展可能；第二部分則是藉由南北朝及唐宋之際經傳注疏中的相關記載，觀察王弼之後性情說的發展軌跡；在最後一部份則以程頤的「性其情」說與王弼「性其情」說意涵作一比較，嘗試由儒家與道家不同的人生境界與群己思考角度切入，尋求一個由玄學到理學的經學與思想詮釋發展脈絡。

關鍵詞：王弼、程頤、性情、玄學、理學

一、前　言

性情問題是中國人性論重要的一環，而人性問題幾乎可以說是中國思想體系的中心命題，也是儒道思想轉圜交關的關鍵。今人對於魏晉時代人性論、性情論的討論，一般來說，較為集中在聖人有情無情的問題上，至於有關人性意涵、善惡問題、性情架構乃至理氣關係……等議題，則不及宋明，甚至兩漢的鮮明與受重視，其實在魏晉經傳注疏中保留了很多這類問題的進一步討論材料，值得我們做進一步的探究。

傳統的看法是，魏晉與兩漢同屬「氣性」一脈，性的意涵即為自然質性，是告荀兩漢一脈「生而自然」的本能材質之性。然而這個問題卻在學者們注意到魏晉玄學重要思想家王弼的「性其情」說後，有了些許不同的看法。王弼是正始時期重要的玄學開創者，同時也是重要的經學注釋者，他在注釋儒家經典《周易》與《論語》時，首度提出以「性其情」作注。其後宋代理學大師程頤在〈顏子所好何學論〉中又襲用「性其情」一詞（同樣用在詮釋《論語》中的篇章），然而這兩個分別在玄學思潮和在理學思潮中所提出的「性其情」說，其內涵的異同是如何呢？是否有任何交集或發展的軌跡可循？同樣是詮解孔門經典，不同的哲學思想背景使得他們展現出怎麼樣不同的風貌？這些都是讓筆者感興趣的問題。本文將針對這幾個疑問，分成三個階次討論：第一部份先探討王弼經注中「性其情」說的思想意涵，第二部分將輔以皇侃《論語義疏》與唐初《五經正義》的相關疏文一同參看；第三部份則以程頤「性其情」說與王弼「性其情」說加以比較，期望經由對這個問題的探討，嘗試尋求出一個由玄學到理學的思想與經學詮釋發展軌跡。

二、王弼「性其情」說的兩種詮釋

王弼在解《周易·乾卦文言傳》「乾元者，始而亨者也；利貞者，性情也」一句時，首以「性其情」作注，注云：「不為乾元，何能通物之始？不性其情，何能久行其正？是故始而亨者，必乾元也；利而正者，必性情也。」在《論語釋疑》〈陽貨篇〉第二章「子曰：性相近也，習相遠也」注中，王弼有更詳盡的闡發：

> 不性其情，焉能久行其正；此是情之正也。若心好流蕩失真，此是

情之邪也。若以情近性，故云性其情。情近性者，何妨是有欲。若
逐欲遷，故云遠也；若欲而不遷，故曰近。但近性者正，而即性非
正；雖即性非正，而能使之正。譬如近火者熱，而即火非熱；雖即
火非熱，而能使之熱。能使之熱者何？氣也、熱也。能使之正者何？
儀也、靜也。又知其有濃薄者。孔子曰：性相近也。若全同也，相
近之辭不生；若全異也，相近之辭亦不得立。今云近者，有同有異，
取其共是。無善無惡則同也，有濃有薄則異也，雖異而未相遠，故
曰近也。〔註1〕

早期學者對王弼「性其情」說的關注，多是與其聖人「有情無累」說連繫起
來看的〔註2〕，其後林麗眞師對「性其情」說中所透顯出來的人性論問題著以
專文討論〔註3〕，「性其情」說中的人性論意涵乃漸受重視，然而不同的看法
也相繼產生，其爭論的焦點，就在於王弼「性」之意涵的問題。

　　首發其端的林麗眞師由不具善惡的「氣質之性」切入詮釋王弼「無善惡」
而「有濃薄」的自然之性。以「自然質性」詮釋王弼「性」之意涵，頗能契
合於魏晉時期「以氣論性」、「性有濃薄」的性說特徵，是以提出後亦頗受學
界的重視與認同。然而此說對應到王弼性情說的的整個架構上，卻又產生一
必然難解的問題：即是此材質之性如何能有「性其情」的主體能動力〔註4〕？
「性其情」說作爲王弼性情說的主體架構而言，僅僅被定義爲程朱脈絡下自
然氣稟的「氣質之性」〔註5〕，似乎難以完整詮釋如何能夠「性其情」的問題。

〔註1〕 王弼《論語釋疑·陽貨》（皇侃《論語集解義疏卷九陽貨篇》引文）收入樓宇
　　　　烈：《王弼集校釋》（台北，華正書局，民國81年），頁631～632。
〔註2〕 可參看湯用彤：〈王弼聖人有情義釋〉，收入湯用彤：《魏晉玄學論稿》（台北，
　　　　廬山出版社，1972年），頁77～89。
〔註3〕 林麗眞：〈王弼《論語釋疑》中的老子義〉，《書目季刊》第二十二卷第三期（民
　　　　國77年12月），頁34～61；林麗眞：〈王弼「性其情」說析論〉，《王叔岷先
　　　　生八十壽論文集》（台北，大安出版社，1993年），頁599～609。
〔註4〕 錢國盈先生就曾質疑：「若依林、王二先生之說，則必然出現一個問題，即如
　　　　何能言『性其情』？材質之性未發之時本無善惡可言，雖或有爲善爲惡之傾
　　　　向，此亦非現成之善惡，故亦可言『無善無惡』，當其應物而動則稱之爲情，
　　　　情之動有過與不及之別，故可有善惡之判斷……然而此種材質之性是無法改
　　　　正情之惡的，是故林麗眞先生亦不得不發出疑問……」詳見錢國盈：〈魏晉人
　　　　性論研究〉，《師範大學國研所集刊》第三十六號，民國81年5月，頁47。
〔註5〕 嚴格來講，即使在宋代明確提出「氣質之性」與「天地（義理）之性」二分
　　　　以降，歷代思想家對「氣質之性」的定義卻仍不盡相同，明顯的區分來講，

　　林師本人在文章中亦言及此一矛盾，並認爲是「王弼在兼綜孔老，調和自然與名教的矛盾理論時，仍欠缺深思細索的關鑑點」〔註6〕。然而部分學者卻不能滿意於林師此一結論，於是相繼而來的是對王弼「性」之定義的重新詮釋〔註7〕，近期提出最完整體系的是周大興先生〔註8〕。周先生一舉提出「性無善惡」乃是「超越善惡」之意，而「濃薄之異」，是指「就人人所稟形上根源的『分殊』而言，在此，形上自然之道與個人本性之間，……倒不如說是『理一分殊』的關係。」如此王弼「雖然提及個人分殊濃薄之性，但此一分殊之性其實並沒有『質』上的差異」。周先生此一說法，可說在相當程度上豎立了王弼「性其情」架構中「性」的主體超越性地位，從而解決了何以可「性其情」的問題，可惜對於王弼「性無善惡」何以「可以有『超越善惡』之意」的因由，並未深論。同時另一個問題是：以「理一分殊」來解釋王弼「性有濃薄」，卻又與王弼及魏晉時代以氣稟濃薄論人性品之歧異的觀點相悖，「分殊之性並沒有『質』上的差異」此一論點，似乎也有再討論的必要。

　　然而若是以上二說皆有其論據及其未能解決的問題時，竟究我們如何來看待並且定義王弼對「性」的看法呢？是王弼的性情論原本就存在著矛盾與未足的問題，還是我們必須以一個嶄新的角度來看待並詮釋王弼的性情觀點呢？對於這個問題，筆者想先就兩個面相予以討論：

（一）「性無善惡」與善惡問題

　　回歸問題的基本面，我們首先必須解決的焦點是如何詮釋王弼「無善無

程朱與陸王，乃至清代的戴顏，其對「氣質之性」的看法與定義，就有著微妙的分別。依照林師行文的脈絡來看，尤其是在文中強調以朱注突顯王弼注之未足，似乎林師所言乃偏向於程朱定義下的「氣質之性」（林麗眞：〈王弼《論語釋疑》中的老子義〉，頁53，同註3）。然而有濃薄之性是否就必然是「氣質之性」？尤其是程朱定義下的「氣質之性」？這就是本文所想要進一步探究的了。「氣質之性」的相關討論可參看楊儒賓：〈氣質之性的問題〉，《台大中文學報》第八期（民國85年4月），頁41～103。

〔註6〕林麗眞：〈王弼《論語釋疑》中的老子義〉，同註3，頁41。

〔註7〕周大興先生之前，錢國盈先生曾提出其看法，錢先生之見是把王弼所言之性分爲兩種意涵來理解：「人的官能之性質」與「無爲之眞性」。其說亦可參考，唯所分之二性意涵似有再商議之空間（詳見錢國盈：〈魏晉人性論研究〉，同註4，頁47～50）。

〔註8〕周大興：〈王弼「性其情」的人性遠近論〉，《中國文哲研究集刊》第十六期（民國89年3月），頁339～371。此文內容最早見於周先生民國84年博士論文《王弼玄學與魏晉名教觀念演變》（除最後一節外，內容大體相同）。

惡」之「性」意涵的問題。溯源回先秦，對所謂「無善無惡」之性，其實就存在著兩種可說是截然不同的立論角度：一為告子「生之謂性」、「性無善無不善」（《孟子‧告子上》）之「自然材質」之性，以自然的、完全無待教導的本能為性，性乃是不可學、不可事、自然如此的自然材質。荀子「性者天之就也」、「性者本始材樸也」（《荀子‧性惡》），大體上頗相近於此涵意下之性〔註9〕。此說既以生而完具的材樸本能為性，則其不具道德善惡，自不待言；既為不具善惡之本始材樸，則其必待後天的禮文教化乃能成善，亦不待言矣。是以荀子曰：「人之性惡，其善者偽也」（同上）；董仲舒亦曰：「生之自然之資謂之性」、「性待教化而為善」（《春秋繁露‧深察名號》）。

　　另一義則為道家式的「性無善惡說」，雖亦以性非善非惡，然其思想卻與告子大異，事實上可視為一種「性超善惡論」或「性至善論」。道家不承認仁義是人性，亦不承認情欲是人性，而認為仁義情欲都是傷性的。道家所認為「性」者，是自然樸素的，乃所謂「德」之顯現。人之本性，道家亦名之曰「性命之情」。情者真實之義，性命之情即性命之真。其中不含仁義、不含情欲。〔註10〕《莊子‧駢拇》云：「彼正正者，不失其性命之情。故合者不為駢，而枝者不為跂；長者不為餘，短者不為不足。」道家認為人人惟當任其性命之情，不要矯揉造作，如是即可達到自治的境界。「夫待鉤繩規矩而正者，是削其性者也。……吾所謂臧者，非仁義之謂也，臧於其德而已矣；吾所謂臧者，非所謂仁義之謂也，任其性命之情而已矣。」（同上）此種學說，亦可以說是一種絕對的性善論，認為人性本來圓滿，順人之本性，當下便是最好的生活，此本性之善，是絕對的，而非與惡相對的，如仁義禮節等，對道家來說，乃後天人為所訂定的相對之善，非本性之所本有。

　　若將此「性無善惡」之二義加以比較，我們會發現：兩義可謂似同而實異，最顯著的差異即在於：二者對於「性」所採取的「態度」，前者以性為質

〔註9〕告荀二人所論性之意涵有其相近處，大體皆以自然、完全無待教養的本能為性，和孟子以人之所以為人之特質為性，有極大的差異。然而告荀二人的性說亦有其相異處：荀子所謂「性惡」著重人性中的好利多欲，凡順性之所有，必流於惡，是以需待後天人為的禮義教化以成善；然而對告子而言，所謂好利爭奪，亦非生而即然，亦是受教薰染而成的。食色兩者本身，不能說是惡。關於中國人性論中的善惡問題，可參考岑溢成：〈「生之謂性」試論〉，《鵝湖學誌》第一期（1988 年），頁 55～79；張岱年：《中國哲學大綱》（台北，藍燈文化事業，民國 81 年）。

〔註10〕張岱年：《中國哲學大綱》（同前註），頁 253。

樸自然而「不足」，是以必待後天教化以成善；後者同樣以性爲自然，然此自然之性乃是「至足」而「至善」；故順性而行即是至德。此種差異並不僅是態度的差異，事實上牽涉到的是對「性」的詮解有本質上的不同，前者之性只是本能材質；而道家之「性」，則是稟源於「道」，具有終極根源之意，非善非惡乃是超越相對善惡，此種涵意下的「無善無惡」之性，乃能對「情」起著超越主宰的作主意涵，乃能「性其情」。

也就是說，同樣是「自然」之性，兩者「自然」的涵意並不相同。簡單來講，道家所謂天「道」其實是蘊含著宇宙究極本源的意涵。「道」是宇宙萬物的究竟本根，萬物皆根據遵循此道，此道則更無復根據遵循，而是自己如此，自然無爲的。道家的「道」在本體論的形上高度上，是毫不遜於宋明理學所謂的「天理」的，這一點，在王弼的極力闡發後可以說益形突出。無怪乎有學者會認爲「宋代程伊川（頤）以理爲宇宙本根，理實即是（老莊）道之別名，理論實即是道論的新型態」〔註11〕。道是萬物由以生成的究竟所以，而德則是一物由以生成之所以。當其未形，所得以生者謂之德；及其既形，德之表現以爲形體之儀則的，謂之性。道是德之所本，生是德之顯發，而生之質素爲性。德與性雖有別，其實是二而一，一而二的。我們在王弼的注文中，就可以看到這樣的思想軌跡：

> 萬物以自然爲性，故可因而不可爲也，可通而不可執也。物有常性，而造爲之，故必敗也。……聖人達自然之性，暢萬物之情，故因而不爲，順而不施。除其所以迷，去其所以惑，故心不亂而物性自得之也。（《老子道德經注‧二十九章》）〔註12〕

> 德者，得也。常得而無喪，利而無害，故以德爲名焉。何以得德？由乎道也。何以盡德？以無爲用。（《老子道德經注‧三十八章》）〔註13〕

林麗眞師也說：「（王弼）『性之本』是指與道同體的，且爲萬物存有的依據；就個別物所蘊蓄者說，即是道體分化而內存於每個形體中之『德』。」〔註14〕然而林師又以爲：「所謂『即性非正』，乃是否定先驗的性善，認爲性的本體

〔註11〕 同前註，頁87。
〔註12〕 同註1，頁77。
〔註13〕 同註1，頁93。
〔註14〕 林麗眞：〈王弼「性其情」說析論〉，同註3，頁602。

原無所謂正邪美善。」〔註15〕是以林師發出這樣的疑問:「試問:一個無正善可言的本體,難道能產生一個絕對正善的作用嗎?所謂『即性非正』難道能保證得了『近性者正』嗎?」〔註16〕並且進一步質疑:「對於稟氣不同而不具善惡的自然之性,是否能夠『使情近性』而不偏邪,並保證人的行為可以自然地符合仁義禮節的問題,他的解說也難令人滿意。」〔註17〕

「性之本」既是與道同體的,且為萬物存有的依據,而「道」又是宇宙究極形上根源之「理」,那麼其實「性」也稟受了形上根源之理。王弼之「性」,固然是沒有儒家道德正善的內涵,卻可以有其自成體系的道家式「正善」內涵,同樣的對應到情的發用正邪來看,王弼說:「不性其情,焉能久行其正;此是情之正也。若心好流蕩失真,此是情之邪也。若以情近性,故云性其情。情近性者,何妨是有欲。」情之正邪端賴其是否「性其情」,是否「情近性」,所謂的正邪意涵必須視其對「性」所定義的意涵而定,若是王弼的「性」可能有一個異於儒家道德理性的「道」、「理」內涵,那麼其所謂正邪亦未必即是是否符合「仁義禮節」的問題了。湯用彤先生在〈王弼聖人有情義釋〉中如此詮釋王弼的性情論:

> 人之性稟諸天理,不妄則全性,故情之發也如循於正,由其理,則率性而動,雖動而不傷靜者也。……由上所論,人性本靜,稟受天理,聖人有感於物循理而動,則情役於理,而全生而無累。然究其無累之本在乎循理,循理在乎智慧之朗照。故由王弼之義測之,則聖人茂於神明,亦即應物而無累於物之張本也。〔註18〕

在王弼的思想中,非常強調「理」(自然之道)的重要性。蒙培元先生這麼評論王弼「理」之意涵體系:

> 王弼所謂理,並不是純粹的自然規律,更重要的,它還是人性的基本內容,理就是性。「物皆不敢妄,然後萬物乃得各全其性」(王弼《周易注・無妄卦》〔註19〕)。這就是所謂理性,一方面,它是人之所以

〔註15〕同前註。
〔註16〕同註6。
〔註17〕同註14。
〔註18〕同註2,頁82、84。
〔註19〕同註1,頁343。

　　　　爲人的理性原則；另一方面，它又是普遍超越的本體存在。〔註20〕

也就是說，在王弼整個天人性命體系中，「性」不能僅僅被視爲是稟於自然之氣的自然材質之「性」，他其實是承繼老莊以下道家式的「道」－「德」－「性」一脈相稟的道德性命架構，是以其所謂「無善無惡」之「性」，實在不能簡單等同於告子一脈善惡不可以言性的本能材質之性。

　　然而此處尚有一問題有待釐清，即是若果如此，又該如何詮釋王弼「但近性者正，而即性非正；雖即性非正，而能使之正」的意涵呢？想要把握其中的涵義，我們必須要先能了解王弼爲詮釋此一概念所作出的譬喻：「譬如近火者熱，而即火非熱；雖即火非熱，而能使之熱。能使之熱者何？氣也、熱也。能使之正者何？儀也、靜也。」所謂「近火者熱，而即火非熱」，並非王弼時乃有的新命題，在《莊子‧天下篇》引述先秦名辯學說時，已出現「火不熱」一說，一般認爲，這是公孫龍學派「離堅白」命題的延伸〔註21〕。在魏晉時期，我們又重新見到關於此一命題的討論。主要的看法是認爲：「火」使人感覺到「熱」，而「熱」是人的感覺，所以火本身是不熱的，這就是成玄英所說的「人熱火不熱」〔註22〕。換句話說，這是一種將受物客體的感受領域與物自身的範疇加以分別的概念；引申到王弼對性情的說解上來看的話，我們可以把這看作是一種將價值根源與價值實踐加以分殊的概念，我們在皇侃《義疏》同段所引的「一家舊釋」〔註23〕中可以看的更清楚：

　　　然情性之義，說者不同，且依一家舊釋云：性者，生也。情者，成也。性是生而有之，故曰生也；情是起欲動彰事，故曰成也。然性

〔註20〕　蒙培元：《中國心性論》（台灣，學生書局，民國79年），頁191。

〔註21〕　如馮友蘭：《中國哲學史‧附補編》（上海，商務印書館，1930年，頁273）；與侯外廬主編：《中國思想通史》（北京，人民出版社，1957，頁441）皆將其係屬於公孫龍「離堅白」意涵一派。

〔註22〕　《莊子集釋》：郭象注，成玄英疏，陸德明釋文，王先謙集釋（台北，萬卷樓，民國82年），頁1108。此外《釋文》所引「一云」之意亦近於成《疏》。王葆玹先生在他的《玄學通論》（台北，五南出版社，1996年，頁499～508）一書中曾經集中探討過魏晉南北朝時期對《莊子‧天下篇》中「火不熱」命題的討論，其中列舉多家關於此說的詮解，大體皆同於成《疏》的詮釋角度。

〔註23〕　王葆玹先生曾經提出將「王弼曰：不性其情，焉能久行其正？」以下仍然視爲「一家舊釋」之說的看法。（王葆玹：《玄學通論》，同上註，頁502）此說目前固無進一步可資論斷的證據，唯「一家舊釋」與「性其情」說論點確有相當程度的相容性，要之應可做爲輔助我們掌握「性其情」意涵的重要資料。

無善惡，而有濃薄，情是有欲之心，而有邪正。性既是全生而有，未涉乎用，非唯不可名為惡，亦不可目為善，故性無善惡也。所以知然者，夫善惡之名恒就事而顯，故老子曰：「天下以知美之為美，斯惡已。以知善之為善，斯不善已。」此皆據事而談。情有邪正者，情既是事，若逐欲流遷，其事則邪，若欲當於理，其事則正，故情不得不有邪有正也。故《易》曰：「利貞者，性情也。」王弼曰：「……（以下為王弼注文）。」〔註24〕

所謂「性既是全生而有，未涉乎用」、「善惡之名恒就事而顯」、「情既是事」，可見「性」、「情」範疇分殊之清晰。但這是否會又衍生出林師所謂「一個無正善可言的本體，難道能產生一個絕對正善的作用嗎」〔註25〕的問題呢？筆者以為這是不必然的，甚至從另一個角度上來看，是恰恰相反的。因為正如「火不熱」命題不會去衍生出「一個無『熱』可言的本體（火），難道能產生一個絕對『熱』的作用嗎？」這樣的問題。「火」正是「使之熱」的根源，這是無庸置疑的，它不會是「無『熱』可言的本體」，應該是說：「火」有「熱性」，但「火」本身卻不「熱」（因為「熱」必須是「火」發用出去之後客體的主觀感受）。也就是根源與效用仍然是兩個必須加以嚴格分殊的範疇，所以它們中間會需要有介質，這就是「氣」與「熱」；就性情來說，則是「儀」與「靜」。

「火不熱」命題所要強調的，是「火」與「熱」是屬於兩個不同層次、不同質性的概念，正如「性」與「情」在王弼看來，也是屬於兩個不同層次的範疇。「性」是形上本體、是價值根源、是稟源於道之理；而「情」是用，是價值實踐、是現象界的發用行為；「儀」與「靜」則是傳導中介的「律則」。從這裡我們可以看出王弼對形上形下、本體現象的分殊是如何清楚的了，事實上當王弼說「以情近性」，就已意謂著性情之二分且無融攝如一之可能，故乃曰「近」。我們或許可以說，在這部分王弼和理學畢竟是有所差異的，但筆者以為，這尚不足以使我們質疑王弼之「性」是否具有價值根源能動力的意涵。同時必須指出的是，王弼對性情的層次雖有所分殊，然究其實仍然是一種體用、動靜一貫的關係。這與漢代以陰陽二氣區分性情，使性情在本質上無法相互化約的觀點，仍是有極大的差異的。

〔註24〕皇侃《論語集解義疏》（台北，廣文書局，民國57年），頁601～602。
〔註25〕同註6。

綜合以上的討論，我們可以這麼說：王弼「性其情」之性不應被等同於「無正善可言的本體」，而是可為正善究極依據，稟源於宇宙本根的形上性理。其所「無」之「善惡」，乃是人間道德禮義的善惡規範，簡單來說，即是「名教」，這個善惡是相對而形下層次的。也就是說，王弼是將人間「善惡正邪」與稟源於形上之道的「性」分殊為不同的層次，這和他「近性者正，而即性非正」的看法是相吻合的。當然，這個「性」的形上意涵，和宋明儒學道德根源的「仁體」性理，是有很大區別的（這點我們在下面會再作討論），但是這個稟源於宇宙究極本根而能有「性其情」本體能動力之「性」的提出，在宋明儒學體系正式成立前，可說是跨越時代的，是中國思想史上性論突破發展的一個前兆。

（二）有濃薄之性的意涵討論

周大興先生文中雖未提及以上的看法，但就其行文結論，相信其基本觀點與出發點應與本文相去不遠。然而周先生在這個基點上又推廓出去，卻引發了另一個問題：即所謂「超善惡」之性如何又能是「有濃薄」之性？對此周先生認為：「濃薄之異是就人人所稟形上根源的『分殊』而言，在此，形上自然之道與個人本性之間，……倒不如說是『理一分殊』的關係。……此一分殊之性其實並沒有『質』上的差異」〔註26〕。此說甚為巧妙，就理論來說，亦非絕不能成立。然而就像我們前面說過的，這和王弼及魏晉時代以氣稟濃薄論人性品之歧異的觀點相悖。就以《論語‧陽貨》此章為例，在朱子《集註》之前，不論在何晏《集解》、皇侃《義疏》、乃至宋代邢昺《正義》中，我們所能看到的《論語‧陽貨》「性相近，習相遠」章都是與今日下一章「惟上智與下愚不移」視為同一章的，朱子亦曰「『性近習遠』與『上智下愚』本是一章。『子曰』二字，衍文也」〔註27〕，是以歷代解「性近習遠」章皆不可豁免的受到「上智下愚」章的干擾。我們今日看皇《疏》即是如此，皇侃在同一章接續解「上智下愚」章曰：

> 前既曰『性近習遠』，而又有異，此則明之也。夫降聖以還，賢愚萬品，若大而言之，且分為三，……夫人不生則已，若有生之始，便

〔註26〕同註8，頁352、360。
〔註27〕黎靖德編，《朱子語類》卷第四十七〈陽貨篇‧性相近章〉（北京，中華書局，1994年），頁1178。

> 稟天地陰陽氛氳之氣。氣有清濁，若稟得淳清者，則爲聖人；若得
> 淳濁者，則爲愚人。……而上智以下，下愚以上，二者中間，顏閔
> 以下，一善以上，其中亦多清少濁，或多濁少清，或半清半濁，澄
> 之則清，攪之則濁，如此之徒，以隨世變改，若遇善則清升，逢惡
> 則滓淪，所以別云：「性相近，習相遠也。」〔註28〕

由此段注文，對照皇《疏》在「性近習遠」章中「稟氣厚薄有殊」的注文，
我們會發現，它們的義理是前後相貫的。皇侃《論語義疏・陽貨》對「性近
習遠」章的疏文是：

> 性者，人所稟以生也。習者，謂生後有百儀常所行習之事也。人俱
> 稟天地之氣以生，雖復厚薄有殊，而同是稟氣，故曰相近也。及至
> 識，若值善友則相(79)爲善，若逢惡友則相(79)爲惡，善惡既殊，故云
> 相遠也。故范甯曰：「人生而靜，天之性也；感於物而動，性之欲也」，
> 斯相近也。「習洙泗之教爲君子，習申商之術爲小人」，斯相遠也。
> 然情性之義，説者不同，且依一家舊釋云：……（以下請參考本文
> 頁九與頁三引文）〔註29〕

皇《疏》所言性是「人俱稟天地之氣以生，雖復厚薄有殊，而同是稟氣」正
是爲了注釋下句「上智下愚」章的性品區別，王弼對於「上智下愚」章的注
文雖沒有留下來，但是我們根據當時兩條視爲一章，以及皇《疏》兩段注文
意義相呼應的情況下，似乎可以推斷，王弼注文中所謂「有濃有薄」之性，
恐怕不僅是周先生所言「人人所稟形上根源的分殊而言」的問題。

　　然而若是如此，那麼我們上一節所討論過的王弼之「性」稟形上根源之
道分化之理的意涵又該如何解釋？既是有稟氣濃薄殊異之「性」又如何能是
生命究極根源之「性」？從一方面來看，或許可以說是王弼還無法擺脫兩漢
以降，同時也是當時正流行的才性論、氣性論的龐大思潮，依宋明理學的角
度看來，也可以說是尚未精純，處於一種過渡期；然而從另一方面來看，也
可以說是道家式境界本身就存在著某種特性，使王弼「超善惡」又「有濃薄」
之性在道家式的境界中並不顯得矛盾。關於這一點，我們下面和程頤的「性
其情」說作比較時，會再予以討論。

〔註28〕同註25，頁603。

〔註29〕同註25。

三、王弼之後經傳中性情問題的討論

王弼之後經傳中性情問題的討論，這其實是一個很大的題目，筆者亦非欲於本文有限的篇幅中對此作全面的探究，只是想就上一節所討論過的幾點，和王弼之後幾部經傳中特別相關的部分作一簡單的比對與參看。因為這些經傳注疏中所表現的不僅是王弼以降性情問題的討論與發展，同時更可以於其中摸索到與王弼相近不遠的經學家是如何詮釋王弼經注中的性情說。如果說上一節我們是以近代人的觀點討論如何詮釋王弼性情說意涵，那麼這一節庶幾可以算是讓我們參考看看魏晉唐宋之際的注疏家，又是怎麼樣的來看待並疏解王弼的經注主張。

王弼的《論語釋疑》早已亡佚，今日我們所能看到的部分，是自皇侃的《論語集解義疏》輯佚而來的。既然是自皇《疏》引文輯佚而來，很自然的會讓我們好奇皇《疏》中所展現出來對性情的態度又是如何？在上一節我們曾引用部分皇《疏》對於《論語・陽貨》此章的疏文，其實我們如將其與王弼之注文作一比較，會發現兩者的思想偏向並不完全相同。皇侃、范甯等討論行為情欲發用之正邪善惡，特別強調的是外在習、(79)的決定力，皇《疏》云：「及至識，若值善友則相(79)為善，若逢惡友則相(79)為惡，善惡既殊，故云相遠也。……以隨世變改，若遇善則清升，逢惡則淬淪。」這個脈絡下所說的「性無善惡」，其實是更傾向於「不具善惡」的材質之性，除了承繼兩漢氣性論以氣稟輕濁多寡分性品之外，可以說是更近於直承告荀一派。

那麼現在問題是：皇侃既然在注文中放入王弼的注文，是否王弼和皇侃及「一家舊釋」的看法是完全等同的呢？筆者以為，不可忽視的一個關鍵，還是在於王弼提出個「性其情」來。王弼所強調的情之「正邪」，繫於性而不繫於習，所謂「不性其情，焉能久行其正：此是情之正也。若心好流蕩失真，此是情之邪也。若以情近性，故云性其情。情近性者，何妨是有欲。若逐欲遷，故云遠也：若欲而不遷，故曰近。」這和皇侃《義疏》中的詮釋偏向，明顯的有著微妙的差異。或許我們可以說，王弼「性其情」說中以「超善惡」之性與「發用」之情的遠近來論行為之正邪的道家道德式性情說，似乎並沒有在魏晉時代「性無善惡」的人性論思潮中，引起太強烈的注意與承繼。至少到皇侃的時候，「無善無惡」之性已幾近於告子式「無善惡可言」的材質之性。衍至宋代，亦主「性無善惡」而「情有善惡」的王安石與蘇軾等人〔註30〕，初看和王弼思想極為相近，然而細看卻是偏向於皇侃一派主外

〔註30〕王安石對性情的看法，據夏長樸師的研究，在觀念上有過轉變：原先他所主

在習染決定善惡。可以看到，他們的思想又走回到了對禮義教化的強調，性的究極主體地位又失去了。很清楚的，在他們的思想架構底下幾乎難以說出「性其情」，正如兩漢氣性論者也不會說出「性其情」一樣。

那麼王弼的「性其情」說是否在宋代再度提出前，就此消失了呢？一個有趣的資料是：唐孔穎達《周易正義‧乾文言》疏：

> 利貞者，性情也者。所以能利益於物而得正者，由性制於情也。……
> 不性其情，何能久行其正者。性者，天生之質，正而不邪；情者，性之欲也。言若不能以性制情，使其情如性，則不能久行其正。〔註31〕

這可說是今日所見最早正面詮釋王弼「性其情」論的文獻（程頤以下的易傳都沒有再採用這個說法，因為就上下文來講，它可能是不符合〈文言傳〉原意的〔註32〕），其中疏解王注之義而曰：「性者，天生之質，正而不邪；情者，性之欲也。言若不能以性制情，使其情如性，則不能久行其正。」頗值得我們注意。《正義》會以「正而不邪」注「天生之質」之「性」，並不是偶然，王弼的「性其情」說本來就隱藏著這樣的注解空間，應該說，或許王弼立論在這個地方有其曖昧不明之處，但是若想確立「性其情」的架構，就必得下這麼一步。和皇侃的疏文相比，孔《疏》的疏文是確立了另一個方向，王弼性情說隱涵的兩種可能，隱然呈顯。

《五經正義》和皇侃《義疏》都是善於繼承前人說法的，在性情的議論上也往往不能固守一家樊籬，所以我們在很多也方又會看到相反或相異的說

張的，是性情合一、性無善惡、由情見善惡；但在熙寧變法失敗，歸隱金陵後，在性善惡問題上，王安石改從孟子「性善」的說法，並且肯定「性善」是儒家自孔孟以下的共同學說。本文此處所指，為其早期思想尚未轉變時的性情觀。關於王安石性情觀點的轉變，請見夏長樸：〈王安石與孟子的關係〉，《李覯與王安石研究》（台北，大安出版社，民國78年），頁203～211。

〔註31〕《周易正義》，《十三經注疏》（台北，藝文印書館，民國86年6月，影印嘉慶二十年江西南昌府學本），第一冊，頁16。

〔註32〕林麗真師文中曾言及「『性其情』一詞，其後乃為程頤《易傳》所襲用」（同註14，頁五九九），但程頤《易傳》對《周易‧乾卦文言傳》「利貞者，性情也」一句並未沿用王弼「性其情」義，恐是林師一時失檢。程頤《易程傳》注曰：「乾之性情也，既始而亨，非利其能不息乎」，朱子《易本義》注曰：「收斂歸藏，乃見性情之實」，是以「利貞」為乾「性情之實」，與王弼注「不性其情，何能久行其正。……利而正者，必性情也」有所差異。詳見程頤：〈周易程氏傳卷第一〉，《二程集》（台北，漢京文化事業，民國72年），頁704；朱熹：《周易本義》（台北，大安出版社，民國88年），頁37。

法。尤其《五經正義》不出自一人之手，又屬總結前人研究的成果，雖然有它的思想體系，但既屬包羅百家，不免枝節橫生。然而通過這些枝節卻往往能給後學帶來啓發，有時候我們在其中只能看到思想流變的傾向和軌跡，卻難以將其硬整合爲單一完整的思想系統。以性情問題來說，我們在《五經正義》中也可以看到有承繼西漢的「性陽情陰」、「性動情靜」的說法〔註 33〕，或是與其相反的漢末「陽動陰靜」說〔註 34〕，顯然兩漢氣性論的思潮還未完全退去，但是主「性」爲「至善」、「至正」，並且內涵爲五常「仁義禮智信」的看法似乎也在慢慢回流了。在《詩經正義》〈大雅·蒸民〉：

> 人之情性共稟於天，天不差忒則人亦有常，故民所執持有常道，莫不好美德之人。……人之本意皆欲愛善，雖則逐臭之夫，當時不以爲惡，但識鑑不同，謂爲善耳，未有故知是其惡而愛之者也。〔註 35〕

《禮記正義》卷十二〈中庸〉「天命之謂性」句下，引梁賀瑒說云：〔註 36〕

> 賀瑒云：性之與情，猶波之與水。靜時是水，動則是波；靜時是性，動則是情。案《左傳》說：「天有六氣，降生五行。」至於含生之類，皆感五行生矣。唯人獨秉秀氣。故〈禮運〉云：「人者五行之秀氣，被色而生。」既有五常仁義禮智信，因五常而有六情。則性之與情，似金與鐶印，鐶印之用非金，亦因金而有鐶印，情之所用非性，亦因性而有情。則性者靜，情者動，故〈樂記〉云：「人生而靜，天之性也，感於物而動，性之欲也。」故〈詩序〉曰：「情動於中」是也。但感五行在人爲五常，得其清氣備者，則爲聖人；得其濁氣簡者，則爲愚人。降聖以下，愚人以上，所秉或多或少，不可言一，故分

〔註 33〕 《詩經正義·大雅·蒸民》曾有過這樣的申述：「《孝經援神契》曰：『性者生之質，命者人所秉受也；情者陰之數，精內附著生流通也。』又曰：『性生於陽以理執，情性於陰以繫念。』是性陽而情陰。」（《十三經注疏》第二冊，同註 31，頁 674）。

〔註 34〕 《周易正義》卷第七〈繫辭上〉：「天陽爲動，地陰爲靜，各有常度，則剛柔斷定矣。……此經論天地之性也，此雖天地動靜，亦總兼萬物也，萬物稟於陽氣多而爲動也，稟於陰氣多而爲靜也。」（《十三經注疏》第一冊，同註 31，頁 143）。

〔註 35〕 同註 33。

〔註 36〕 賀瑒著《禮記新義疏》，皇侃師之。唐姚思廉《梁書》卷四十八皇侃本傳：「少好學，師事賀瑒，精力專門，盡通其業。尤明《三禮》、《孝經》、《論語》。」

爲九等。孔子云:「惟上智與下愚不移」,兩者之外,逐物移矣。故
《論語》云:「性相近也,習相遠也。」亦據中人七等也。〔註37〕

這裡我們可以看到兩點:一是「性靜情動」性情統一概念;二則是可見魏晉
「不具道德善惡」的道家式性理,漸漸開始注入儒家仁義禮智的道德內容。
雖然如此,我們在其中仍然可以看到玄學性情論的巨大影響,孔子「上智與
下愚不移」及「性近習遠」的人性論述仍然困惑著學者,以中人分流品的看
法和皇《疏》中可說是一脈相承的。我們再看看稍後關於此章《論語・陽貨》
的經傳注疏,在《論語筆解》〔註38〕中云:

> 李曰:窮理盡性以至於命,此性命之說極矣,學者罕明其歸,今兩
> 義相戾,當以易理明之:「乾道變化,各正性命。」又「利貞者,情
> 性也。」又「一陰一陽之謂道,繼之者善也,成之者性也。」謂人
> 性本相近于靜,及其動感外物,有正有邪,動而正則爲上智,動而
> 邪則爲下愚,寂然不動,則情性兩忘矣,雖聖人有所難知。〔註39〕

邢昺《論語正義・陽貨》:

> 性謂人所受稟以生而靜者也,未爲外物所感,則人皆相似,是近也。
> 既爲外物所感,則習以性成。若習於善則爲君子,若習於惡則爲小
> 人,是相遠也。故君子慎所習。然此乃是中人耳,其性可上可下,
> 故遇善則升,逢惡則墜也。〔註40〕

這裡我們首先看到的,仍然是強化與活用了「性靜情動」的性情統一架構來
解決人生界何以存有正邪善惡、君子小人的「差別」問題,這和前代的詮解

〔註37〕《十三經注疏》第五冊,同註31,頁879。

〔註38〕《論語筆解》,舊題唐韓愈、李翱同註,但它的眞僞有其爭議。《四庫提要》
疑爲宋人所僞,《論語集釋》編者程樹德也認爲「今考其書,屢言窮理盡性,
且好變亂經文,唐時尚無此風氣,無此見解也。其書當作於北宋之末,理學
盛行而後」(北京,中華書局,1990年,頁51)。但也有學者持不同意見,如
林慶彰:〈唐代後期經學的新發展〉、王明蓀:〈《論語筆解》試探〉(收入《中
國經學史論文集》,台北,文史哲出版社,民國81年),皆以此書爲韓、李所
註。今考其書,確有近於理學反本盡性之言,然亦可視爲唐宋之際思想流變
之參考。

〔註39〕《叢書集成新編》(台北,新文豐,民國74年)第十七冊,《論語筆解》(據
中央圖書館藏明范欽校刊本影印),頁576。

〔註40〕《十三經注疏》第八冊,同註31,頁154。

可說是一脈相承的。再進一步分開來看，邢《疏》中對於「習以性成」的強調，這和皇侃《義疏》中的詮釋模式可說是相當程度的相近了，然而對於皇《疏》中關於性無善惡而秉氣濃薄的部分卻都已加以刪除了〔註41〕；另一方面，我們也可以看到，在《韓李筆解》中已經出現了引用《易傳》「乾道變化，各正性命」、「利貞者，情性也」、「一陰一陽之謂道，繼之者善也，成之者性也」的說法，這其中似乎已經隱然含存有對於性善的肯定。

所謂「性靜情動」的性情論，自《禮記‧樂記》初發其端，在經過魏晉時代王弼等人的討論與確立後，持續影響著中國性情論的發展。此後以「性靜情動」達成性情的統一幾乎成為學界的共識，即使到了宋明理學仍然沿用此一觀念，這也就是為什麼以討論情之發用如何合理為起點的程頤〈顏子所好何學論〉中會襲用王弼「性其情」此一命題了。將「性靜情動」、「性其情」的「性情統一」說，與王弼論聖人「有情而無累」的主張結合起來看，可以看到王弼性情說如何持續地在中國性情論的發展上發生著影響了。

王弼以「性其情」注《易》及《論語》，本身可以說即是一種玄儒交涉下的產物，甚至可以說是王弼在融合儒道的嘗試中，意外迸出的火化。它對後世的影響除了表現在性情統一論架構方面，其中對於人性論方面的創新意見，在中國人性論流變史中，亦有不容忽視的意義。從一方面來說，王弼「性其情」說中「性無善惡」（不具道德法則）的意涵，幾乎可以說是魏晉人性論的主調；然而其中隱然存有的「超善惡」意涵，卻為魏晉「無善無惡」人性論者所忽略了。我們在皇侃《論語義疏》中就可以看到這個現象，「性無善惡」在王弼思想體系中可說是兼有「性超善惡」與「性不具善惡」的意涵的，但在皇《疏》中我們看到卻僅偏向「性不具善惡」這個涵義，對性的理解又轉回了告荀式本能材質之性。王弼以下，「性無善惡」漸漸流衍成僅指涉「不具善惡」之意。一直到宋初，主「性無善惡」、「情有善惡」的蘇軾和王安石，主要走的仍然是這個意涵下的「性無善惡」。

然而從另一個方面來說，王弼「性其情」說中所隱含的性之超越意涵，也並不是完全失傳，還是有學者注意到了這個層面。唐初孔穎達等人所編的

〔註41〕《四庫全書總目提要》稱其：「今觀其書，大抵剪皇氏之枝蔓而稍傳以義理，漢學宋學茲其轉關。」（《四庫全書總目提要‧經部‧四書類一‧論語正義》，藝文印書館，民國七十八年，頁七二一）。邢昺《論語正義》一書承繼沿用皇《疏》注文的地方極多，然於承繼之中亦有所剪取。

《五經正義》就是一個例子，以下發展到了唐代後期的韓愈，雖然其性三品的架構還是延續著魏晉以下有濃薄的氣性，但是已明白提出「仁禮信義智」爲「性」的內容了。這一脈最終流衍爲儒家式「至善道德」人性論，和宋明理學心性論接軌，成爲儒學復興的前序。〔註42〕

四、玄學性情說與理學性情說——王弼「性其情」說與程頤「性其情」說觀點的異同

「以性統情」之觀念及「性其情」一詞爲程頤龔用，出現在伊川的成名作〈顏子所好何學論〉一文中。「顏子所好何學」出自《論語·雍也》:「哀公問:『弟子孰爲好學？』孔子對曰:『有顏回者好學，不遷怒，不貳過。不幸短命死矣！今也則無，未聞好學者也。』」（朱子即是將程頤此文節錄收入《集注》此章注文中）。孔子以「不遷怒，不貳過」言顏淵之好學，「不遷怒」被視爲是儒家對情慾問題所提出的最高境界，儒者談情幾乎皆以此爲基點，宋儒尤其重視，可說是進入性情心性問題的關口。是以本文乃是伊川論性情極重要的一篇文章。

（一）伊川與王弼「性其情」說中「性」的意涵

程頤〈顏子所好何學論〉〔註43〕:

> 天地儲精，得五行之秀者爲人，其本也眞而靜，其未發也五性具焉，曰仁義禮智信。形既生矣，外物觸其形而動於中矣。其中動而七情出焉，曰喜怒哀樂愛惡欲。情既熾而益蕩，其性鑿矣。是故覺者約其情使合於中，正其心，養其性，故曰性其情。愚者則不知制之，縱其情而至於邪僻，梏其性而亡之，故曰情其性。凡學之道，正其心，養其性而已。

所謂「其本也眞而靜」，性乃是不雜人欲未發之眞，是人之本體，亦是宇宙究

〔註42〕關於「性無善惡」的問題，南宋初年的胡宏及明代王守仁以降王畿等人，亦主「性無善惡」。其說固然與王弼道家玄學式的「性無善惡」有所不同，然而其主「善惡不足以言性」，及以「無善惡」之性爲「至善」，相對來講，卻是遠告子而近王弼與道家的。此亦可見所謂「性無善惡」的觀點，在中國人性論思潮中，仍是持續有所發展的。

〔註43〕程頤:《河南程氏文集》卷八，《二程集》（台北，漢京出版社，民國72年），頁577。

極本根之理〔註44〕，其內容是「仁義禮智信」，究其實只是一個仁體。相對於王弼以仁義為下德，以性為無善無惡，伊川確立了道德本體的根源性，為儒家道德仁義豎立了體用一貫的體系。這是伊川和王弼對「性」之意涵的定義一個最顯著的不同。

然而伊川與王弼「性其情」架構中「性體」之差異尚不止是在內容上，除了對性內涵的定義，另一個息息相關的差異是王弼論性，不但是「無善無惡」的（道家式的超善惡），同時又是「有濃有薄」的，這在程頤極重分析性的理氣嚴格二分架構，這二者是不可能並存於同一種內涵的性中的。對於齊一與分殊，普遍與殊別，伊川嚴格地予以劃分，是以僅僅是「性相『近』」，伊川也認為：

> 此言氣質之性，非言性之本也。若言其本，則性即是理，理無不善，孟子之言性善是也。何相近之有哉？〔註45〕

> 「性相近」也，此言所稟之性，不是言性之本。孟子所言，便正言性之本。〔註46〕

對伊川來說，道與性只被理解為靜態存在義，即「理」義。在伊川的「性至善」論中，性源於絕對的宇宙法則，同時也是人的道德法則，道德法則即是天道天理；而對王弼來說，性只是自然，雖然也同樣的源於絕對的宇宙法則，但卻不等同於道德法則，人世間的道德法則，是後天人為的，而不是先驗超越的，這個差異使他們對「性」質性的看法也有了微妙的差異。

所謂的道德法則必須是「普世皆一」的，它必須有嚴格的標準限定，在這個地方是不容許有個別差異的，否則道德原則的確立就可能會受到動搖，是以將「性」嚴格定義為儒家式「性理」的程頤，對於「義理之性」的齊一、純一、單一會如此強烈而敏感的重視。相對於此，在王弼的性論，我們看到的是，一種普遍和殊別可以並存的性理，這是道家式的道性，是雖有殊別而皆稟於天之自然，所謂「自然之質，各定其分，短者不為不足，長者不為有

〔註44〕《朱子語類‧雍也》〈哀公問弟子章〉：「本，是本體；真是不雜人偽；靜，是未發。」又曰：「五性並是真，未發時便是靜，只是疊說」（同註27），頁775。

〔註45〕《四書章句集注》〈論語集注〉卷九〈陽貨2〉引文（台北，大安出版社，民國85年），頁246。（此條原文不見於今本《二程集》，唯相近之意見於今本〈伊川先生語〉者極多。）

〔註46〕同註43，《河南程氏遺書》卷十八〈伊川先生語四〉，頁252。

餘，損益將何加焉？」（《周易注・損卦象傳》〔註47〕）就程頤的觀點來說，或許會認為這簡直是把道氣混在一起說，但是這裡卻也正顯現出道家玄學式道性的特性，及與儒家式性理的差異，在道家的哲學觀點中這並不是矛盾的，這是一種可以同時兼顧人的至極本根與個體殊別性的境界之學，同樣是尋求個體生命的究極安頓，它並不追求一種統一的道德行為，這是儒道根本的差異。所以當程頤說：

> 莊子齊物，夫物本齊，安俟汝齊？凡物如此多般，若要齊時，別去甚處下腳手？不過得推一箇理一也。物未嘗不齊，只是你自家不齊，不干物不齊也。〔註48〕

它所表現出來的，也可以說正是這種根本差異的一個有趣面相。

（二）性－情的關係架構

伊川的性情架構，受到玄學以降，尤其是王弼「性靜情動」的性情統一說之確立的影響，在「性情合一」的主體架構及以情從性的「性其情」說上，都有很明顯的承繼軌跡，除了〈顏子所好何學論〉外，在《語錄》中我們也可以看到這樣的闡述：

> 問：「喜怒出於性否？」曰：「固是，纔有生識，便有性，有性便有情，無性安得情？」又問：「喜怒出於外，如何？」曰：「非出於外也，感於外而發於中也」問：「性之有喜怒，猶水之有波否？」曰：「然。湛然平靜如鏡者，水之性也。及遇沙石，或地勢不平，便有湍激；或風行其上，便為波濤洶湧。此豈水之性也哉？人性中只有四端，又豈有許多不善底事？然無水安得波浪，無性安得情也？」
> 〔註49〕

然而因為對道德法則所在的位階看法的差異，卻又使得整個性情體系有了截然不同的風貌。

第一個就表現在對「情」的看法與態度。如前所述，「性其情」在相當大的程度上來說是為了解決情欲的問題（此在伊川尤其顯著），對「性」的定義

〔註47〕同註1，頁421。
〔註48〕同註43，《河南程氏遺書》卷十九〈伊川先生語五〉，頁264。
〔註49〕同註43，頁204。

不同，對情的約制力也不同。性與外物接觸才能動，動則七情出，然而情動卻不一定合於性，於是必須「性其情」。然而二人所言的「性其情」卻有微妙的不同。就伊川來說，性是絕對的宇宙法則，同時也是人的道德法則，所以「性其情」強調的是道德情感，使體用皆合於道德，就一方面來說，體用的一貫性是達到純粹而絕對的境界；但就另一方面來說，當情感的表現被歸結為道德原則的表現，感情的其它層面，相對來講，受到的壓制也就增強了；當情感因氣稟與物誘而不善的可能，程頤強調的是「復性」，是要「約其情使合於中，正其心，養其性」，使體用皆合於先驗道德原則，達到究竟體用合一的道德境界，這就是程頤的「性其情」。相對來講，王弼的「性其情」對性情的彈性空間就來得比較大，這也就是為什麼我們說魏晉是性情解放的時代。當性是既殊別又普遍的時候，就等於是允許了性情的殊別表現，「性其情」並不需要回到一個共同標準答案的規範中，而是強調每個人回到自身所稟受的殊別本體，它是稟之於道的，所以它是超越普遍而絕對的，但同時它又是和個體的殊別性結合，所以情發用應物之正邪判別，完全是個人的，是量身訂做的，不是我們外界訂定一個標準答案可以斷定的。應該說，這個標準答案幾乎可以說是不存在的，至少不是名教世界所可以掌握的，相反的，名教世界的標準反而必須以各個包含有個體殊別性的性體、道體為體，這就是王弼的「性其情」，和他的「崇本息末」思想是相應合的。

然而其實我們仔細來檢視王弼的想法，我們會發現它的成立只能是理想性的。名教道德與個體殊別性，基本上存在著某種程度的矛盾。名教與道德需要有一個統一的標準，承認個體的殊別性也是性理的一部分，就隱含著破壞名教道德的危險性，這也就是王弼哲學體系終究無法解決的問題，事實上以道家道德性命之學，原本就是著重於殊別個體的究極生命安頓，但是這個個體的安頓卻不必然的導向群體的安頓，王弼嘗試融會儒道就必然會碰到這個問題。相對於此，到了宋明理學的時代才能真正完成儒家式個體生命與群體生命的究極安頓，這也就是為什麼伊川的「性其情」畢竟是儒學正統，而王弼只能是歧出了。但從這裡我們也可以看到，明末興起對程朱理學氣質之性與情欲約束的反動，也不是沒有道理的，事實上心學與程朱理學相比，對情感活動的自發性與個體情感的合理性的肯定，就已經來得開放與自信。但是也就因為如此，心學的末流漸漸流向過分偏重個體情感，而導致危害到道

德群體性的地步〔註 50〕。這或許也是儒家道德境界中,「普遍」(理／禮)與「個性」(情)間一個永恆的難題,程朱一派將一切性情體用統合於純粹的先驗的道德理性,對於儒家道德哲學,或許可以說是最牢而不破的肯定了。

伊川對性情的劃分是嚴格的,這可說是一種嚴格的體用、理氣的劃分,只有「仁」(分而言之是「仁義禮智」)是體,惻隱辭讓羞惡是非、孝悌忠恕皆只是情,只是用。所以他說「性中只有仁義禮智四者,幾曾有孝弟來」〔註51〕,孝悌只是「行仁」的基本工夫而已,只能是「行仁」之本,「論性,以仁爲孝弟之本」〔註 52〕,這裡伊川寧願甘犯扭解《論語》原文語義,硬將「孝弟也者,其『爲仁』之本與」解作「行仁」,完全是爲了顧及他以仁體爲究極道德根源的理論架構,所以愛恕忠也只是情,俱是心之所發。心依仁理發而爲情,仁體則只是一個理。「仁所以能恕,所以能愛,恕則仁之施,愛則仁之用」〔註 53〕,伊川的架構很清楚:仁是天理性體,心依仁理發而爲用則有忠孝等各種道德行爲。對此王弼的性情仁義架構則是完全不一樣的:

自然親愛爲孝,推愛及物爲仁也。(《論語釋疑‧學而》〔註 54〕)

忠者,情之盡也;恕者,反情以同物者也。未有反諸其身而不得物之情,未有能全其恕而不盡理之極也。能盡理極,則無物不統。極不可二,故謂之一也。推身統物,窮類適盡,一言而可終身行者,其唯恕也。(《論語釋疑‧里仁》〔註 55〕)

本體只是一個自然,發而爲情,推情愛及物乃有仁義禮節等名教,仁反而是情再推擴出去,廣泛的行爲表現,這是王弼對仁義禮節的看法,它的架構比較接近這樣:究極之性(道家式宇宙法則)──情(民之自然)──應物(跡)。在這方面王弼和伊川有著根本的差異。

〔註 50〕明末一些既注釋儒家傳統經典,同時又講求個體情性抒發的劇作家,如湯顯祖等人,就面臨了這樣的困境。在尊重個體情感與道德群體之間如何取得平衡,成爲困擾這些劇作家終身的問題,詳見鄭培凱:《湯顯祖與晚明文化》(台北,允晨文化出版社,民國 84 年)。

〔註 51〕同註 43,頁 183。

〔註 52〕同註 43,《河南程氏經說》卷六、《伊川先生論語解‧學而》,頁 1133。

〔註 53〕同註 43,《河南程氏遺書》卷十五〈伊川先生語一〉,頁 153。

〔註 54〕同註 1,頁 621。

〔註 55〕同註 1,頁 622。

五、結　語

　　王弼的「性其情」論，就思想史和經學史上來講，都是相當獨特的。一方面他援引了道家道德論中「性」的究極形上意涵，在宋明儒學「天地之性」、「義理之性」說確立前，王弼性論中對「性」之意涵的提升與抽離，在思想高度上可說是自告荀兩漢以下「氣性」論的時代思潮以來，最接近理學「逆氣」以言「性」的性論架構，然而這個「性其情」說，卻是道家式的。「性其情」說之「性」，雖具有「超善惡」的形上超越高度，也就是稟源於宇宙究極法則（「道」）的本源意涵，但這個宇宙究極法則卻沒有和人的道德法則相結合；而在宋明理學架構中，最特出而突破性的論點就是二者的結合，「天理」（宇宙法則）和「人性」（道德法則）成為二而一，一而二的關係，而其關鍵在「心」。這個理論架構雖然溯其源乃是源自孟子「盡心」「知性」「知天」時已見端緒，然而卻是到了宋明理學乃就整個理論作了更系統化的全面建構與爬梳。相對於此，王弼「性其情」論中的「人性」，雖也同是稟源於「天理」，然而它們的內容卻只具有絕對宇宙究極法則的意涵，人世間的道德法則是不同層次的問題，這也就是道家式的「自然」之道、「自然」之理、「自然」之性。

　　與這個部分密切相關的是王弼「性其情」說中另一個值得重視的特點，所謂的「有濃有薄」之性的問題。就程朱理學嚴格理氣二分的理論來看，這個「有濃有薄」之性無疑的就是「氣質之性」的鮮明標誌。但是就如同我們前面討論過的，王弼之「性」不能這麼簡單來看，就其承繼老莊「道德性命」的道家人性論架構來說，這個性絕對是具有相當程度（但也許是另一種意涵）的形上「理性」「道性」意涵，然而在此同時，這個「道」又和「氣」結合，同時兼有濃薄輕濁品級之異於其中的。這就是王弼的「自然之性」，「自然」在某種層面上是結合「道」與「氣」的。所以氣的殊別性無損於道的共通性，這是王弼宇宙論與人性論的特出處。

　　有趣的是，王弼的「性其情」說雖然是道家玄學式的境界，其所定義之性，也是道家式的而不是儒家式的，然而透過對道家式「性體」的肯定，卻在無形中作了儒學復興的前序，可以說是孟子以降，唐宋儒門心性之學復興以前，對「性」最突破性與超越性的肯定了，無怪乎其「性其情」說會為程頤所襲用。

　　王弼是魏晉玄學的代表人物，程頤是宋代儒學復興的重要大師，而魏晉

和宋代又同時被視爲是哲學思想發展昌盛，但經學發展「轉變」或「歧出」的時期。然而我們若由宏觀的經學史角度來看，將經學定義爲中國學術文化傳統的總集合，那麼魏晉和兩宋獨特的經學發展，又何嘗不是中國經學寶貴資產的一部份。它所突顯出來的，是中國經學悠久而獨特的「以述爲作」的經傳注疏傳統，自孔子以下，代代的注經者，透過「爲聖人立言」的著作形式，傳達每一代解經者一己的時代見解與哲學思考，共同努力建構出中國學術的整個思想體系。在經傳中保留的，是代代後學爲民族思想傳統奉獻後，所刻劃下來的歷史軌跡，也就是這些記載，讓今日從事思想史與學術史研究的我們，可以從中汲取源源不絕的討論材料。這是中國經學最寶貴的資產，也是我們在評價魏晉與宋代經學時，所不可遺忘的。